El inglés indispensable... y mucho más

Survival English

Martha Sastrías
Gilda Moreno Manzur

PAX MÉXICO

COORDINACIÓN EDITORIAL: Gilda Moreno Manzur
ILUSTRACIONES: Ezequiel Ramos Aparicio
DISEÑO: Susana Clavé
PORTADA: Víctor Madrigal Fritsch
CON LA COLABORACIÓN DE: Sonia Moreno Manzur y Leslie Adams

© 1992   Editorial Pax México, Librería Carlos Cesarman, S.A.
         Av. Cuauhtémoc 1430
         Col. Santa Cruz Atoyac
         México, D.F. 03310
         Teléfono: 5605 7677
         Fax: 5605 7600
         editorialpax@editorialpax.com
         www.editorialpax.com

Primera edición
ISBN 978-968-860-363-5
Reservados todos los derechos
Impreso en México / *Printed in Mexico*

PRÓLOGO

Todo el que por una u otra razón necesita conocer lo básico o darse a entender en inglés se habrá dado cuenta de los escasos que son entre nosotros los libros que nos permiten una búsqueda precipitada para aclarar una duda, describir una situación, contestar una pregunta, saber dónde dirigirnos, pedir lo que queremos, en fin, servirnos de guía y tabla de salvación para sortear con soltura el ambiente a veces hostil que crean las barreras idiomáticas.

Ciertamente los diccionarios —a pesar de sus enormes cualidades— no cumplen con esta tarea: son difíciles de usar, abruman por su tamaño y, más importante, se mantienen a una respetable distancia del término apropiado o en boga para utilizarse en cada uno de los casos que enfrentamos en nuestro diario vivir. De ahí que hasta los más duchos en el trabajo bilingüe necesitan de dos, tres y aun más consultas para alcanzar lo que buscan. Esto que puede ser recomendable y hasta válido para el trabajo escolar o de oficina, es en realidad un estorbo para la persona en movimiento, la que necesita entender y comunicarse con rapidez, la que no tiene tiempo que perder.

Por su método, la soltura de su construcción, la disposición ágil del material y la facilidad con que se presta a la consulta, el libro de Martha Sastrías y Gilda Moreno que ahora presentamos es un esfuerzo serio y sistemático por restarle dificultad a lo que de por sí es difícil: penetrar con propiedad las sutilezas de un idioma diferente al que uno habla.

En *El inglés indispensable... y mucho más*, el lector encontrará secciones como:

Diálogos modelo
con ejemplos de las conversaciones más usuales
Necesitará saber
frases útiles para aplicarlas a la situación particular

Expresiones cotidianas
frases que suelen decirse en un sinúmero de situaciones
Encontrará
un listado de objetos y personas que acostumbran encontrarse en los lugares en que se desarrolla cada situación
Verbos relacionados
una lista de los verbos que más usará en cada situación
Palabras, palabras, palabras
vocabulario relacionado con cada tema

Otra característica importante de esta obra es que se ha abandonado –por complicado–, el diccionario fonético internacional, para sustituirse por una sugerencia de pronunciación que corresponde exactamente al sonido en inglés. De esta manera, el lector no deberá más que pronunciar la palabra tal como está escrita sin preocuparse del acento con que la pronuncie.

En el caso de la *th*, la cual tiene dos sonidos, uno fuerte y uno débil, hemos subrayado, en la pronunciación, la que tiene el sonido fuerte.

Resultaría difícil empezar una obra como ésta sin tener que repetir algunas frases y palabras utilizadas en distintas ocasiones. Valga decir que esta repetición es intencional y su fin es no obligar al lector a consultar otras secciones de libro para encontrarlas.

Por el contrario, frases como *Excuse me, I beg your pardon, Thank you very much,* obligadas en inglés como respuestas o introducciones de cortesía, se han omitido en algunos casos para no resultar repetitivas.

Más que un diccionario ideológico o un diccionario fonético, este libro es un verdadero catálogo, una radiografía de lo que usted encontrará una vez que cruce la frontera.

Los editores

ÍNDICE INDEX

DE COMPRAS
SHOPPING

ENTRETENIMIENTOS
ENTERTAINMENT

INFORMACIÓN GENERAL
GENERAL INFORMATION

RELACIONES INTERPERSONALES
INTERPERSONAL RELATIONSHIPS

TELÉFONO 261
TELEPHONE

URGENCIAS
EMERGENCIES

GLOSARIO 297
GLOSSARY

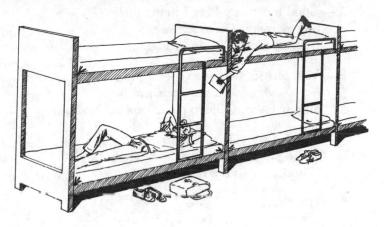

Albergue juvenil   *Youth hostel*

Diálogos modelo:
Model dialogues:

A —Do you know if there is a youth hostel near here?
Du yu nóu if zder is a yuzd joustél níer jíer?
¿Conoce algún albergue juvenil por aquí?

B —Yes, there is one about two miles from here.
Iés, zder es uán abául tu máils from jíer.
Sí, hay uno como a dos millas de aquí.

A —Can I register in a youth hostel without a
credential?
Kan ái réyister en a yuzd joustél uizdául a kredénshal?
¿Puedo inscribirme en un albergue sin credencial?

B —I think so.
Ái zdink sóu.
Creo que sí.

En el albergue   *At the youth hostel*

A —Good morning. May I help you?
   Gud mórning. Méi ái jelp yu?
   Buenos días. ¿Puedo ayudarle?

B —Yes, please. I want to spend the night here.
   Iés, plís. Ái uánt tu spend zda náit jíer.
   Sí, por favor. Quiero pasar una noche aquí.

A —May I have your credential?
   Méi ái jav yur kredénshal?
   ¿Puedo ver su credencial?

B —Here it is.
   Jíer et es.
   Aquí la tiene.

~~~~~~~~~~

A —Excuse me. I would like to spend two nights here
   but I don't have a credential.
   Ekskiús mi. Ái uúd láik tu spend tu náits jíer bot ái dóunt
   jav a kredénshal.
   Disculpe. Me gustaría quedarme aquí dos noches,
   pero no tengo credencial.

B —Fill out this form, please.
   Fel áut zdes form, plís.
   Llene esta forma, por favor.

A —Is that all?
   Es zdad ol?
   ¿Eso es todo?

B —Yes, you can stay here for two nights.
   Iés, yu kan stéi jíer for tu náits.
   Sí, puede quedarse aquí dos noches.

~~~~~~~~~~

A —Excuse me. Where are the washing machines?
Ekskiús mi. Juér ar zdi uáshing mashíns?
Disculpe, ¿dónde están las lavadoras?

B —Next to Building A.
Nekst tu bílding éi.
Junto al edificio A.

A —Can I leave my things here?
Kan ái lítv mái zdengs jíer?
¿Puedo dejar mis cosas aquí?

Verbos relacionados
Related verbs

apagar (la luz)	descansar	jugar
turn off	rest	play
tern of	*rest*	*pléi*
bañarse	dormir	lavar
take a shower/bath	sleep	wash
téik a sháuer/bazd	*slip*	*uásh*
cocinar	encender (la luz)	platicar
cook	turn on	chat
kuk	*tern on*	*chat*
conocer	entrar	
meet	go in	
mit	*góu en*	
dejar	inscribirse	
leave	register	
lítv	*réyister*	

Expresiones cotidianas
Everyday language

Hi. My name is —.
Jái. Mái néim es —.
Hola, yo soy —.

Where do you come from?
Juér du yu kom from?
¿De dónde eres?

Let's go to the disco.
Lets góu tu zda dískou.
Vamos a la discoteca.

What's your address?
Juáts yur adrés?
¿Cuál es tu dirección?

I look forward to seeing you again.
Ái luk fóruard tu síing yu eguén.
Espero volver a verte.

It was nice meeting you.
Et uós náis míring yu.
Fue un placer conocerte.

Palabras, palabras, palabras
Words, words, words

amigo	forma	muchacho
friend	form	boy
frend	*form*	*bói*
baño	gaveta	nombre
bathroom	locker	name
bázdrum	*lóker*	*néim*
credencial	lavadora	país
credential	washing machine	country
kredénshal	*uáshing mashín*	*kóntri*
dirección	mostrador	regadera
address	counter	shower
adrés	*káunter*	*sháuer*
equipaje	muchacha	registro
luggage	girl	register
lógach	*guerl*	*réyister*

Casa de huéspedes   *Boarding house*

Diálogos modelo
Model dialogues

A —Excuse me. Are there any vacancies?
   Ekskiús mi. Ar zder éni véikanses?
   Disculpe. ¿Hay habitaciones disponibles?

B —Yes, we have one room with three beds. Do you
   mind sharing?
   Iés, uí jav uán rum uíud zdrí heds. Du yu máind shéring?
   Sí, tenemos una habitación con tres camas. ¿Le im-
   portaría compartirla?

A —That's alright. How much do you charge weekly?
   Zdads ólráit. Jáu moch du yu charch uíkli?
   Está bien. ¿Cuánto cobra a la semana?

B —$ —with meals.
   $ —uízd mils.
   $ —con alimentos.

   With kitchen facilities.
   Uízd kétchen fasílitis.
   Con uso de cocina.

Casa particular   *Private house*

Diálogos modelo
Model dialogues

En la terminal de autobuses   ***At the bus station***

A —Excuse me. Are you Carlos?
  Ekskiús mi. Ar yu Kárlos?
  Perdón, ¿tú eres Carlos?

B —Yes. I am Carlos González, are you Ron?
  Iés. Ái am Kárlos González, ar yu Ron?
  Sí, yo soy Carlos González, ¿y tú eres Ron?

A —Yes, how do you do?
  Iés, jáu du yu du?
  Sí, ¿cómo estás?

B —Glad to meet you.
  Glad tu mit yu.
  Gusto en conocerte.

A —Let's go home.
Lets góu jóum.
Vamos a casa.

En la casa   *At the house*

A —Mom, Dad, this is Carlos.
Mom, dad, zdes es Kárlos.
Mamá, papá, éste es Carlos.

C —How do you do?
Jáu du yu du?
¿Cómo te va?

Come on/ Come along. I'll show you your room.
Kom on/Kom alóng. Áil shóu yu yur rum.
Ven, voy a enseñarte tu cuarto.

B —Alright.
Ólráit.
Está bien.

Necesitará saber
You will need to know

This is a nice room.
Zdes es a náis rum.
Es un cuarto muy bonito.

Where can I put my things away?
Juér kan ái put mái zdengs auéi?
¿Dónde puedo guardar mis cosas?

Can I phone home?
Kan ái fóun jóum?
¿Puedo llamar a casa?

Let's watch T.V.
Lets uátch tíví.
Vamos a ver la televisión.

Can I help you with the cleaning?
Kan ái jelp yu uízd zda klíning?
¿Te puedo ayudar a hacer la limpieza?

This is a picture of my sister.
Zdes es a pékchur of mái séster.
Ésta es la foto de mi hermana.

I'll be back in an hour.
Áil bi bak en an áuer.
Regreso dentro de una hora.

I wont't have lunch here today.
Ái uónt jav lonch jíer tudéi.
No comeré aquí hoy.

Thank you for your help.
Zdenk yu for yur jelp.
Gracias por tu ayuda.

You have a letter from home.
Yu jav a lérer from jóum.
Tienes una carta de tu casa.

Encontrará
You will find

En el baño
In the bathroom

agua caliente
hot water
jat uárer

agua fría
cold water
kóuld uárer

bañera
bathtub
bázdtob

baño
bathroom
bázdrum

bata
robe
róub

cepillo de dientes
toothbrush
túzdbrash

crema de afeitar
shaving cream
shéiving krím

crema facial
face cream
féis krím

crema para las manos
hand lotion
jand lóushon

champú
shampoo
shampú

desodorante
deodorant
diódorant

espejo
mirror
mérror

gorra de baño
shower cap
sháuer kap

inodoro, excusado
W. C., toilet,
ddbliu sí, tóilet

jabón
soap
sóup

lavabo
sink
senk

loción
lotion
lóushon

llave de agua, grifo
faucet
fóset

pañuelo desechable
tissue
tíshu

papel higiénico
tissue paper, toilet
  paper
tíshu péiper, tóilet péiper

pasta dentífrica
toothpaste
túzdpéist

peine
comb
kóumb

rasuradora
razor
réizor

regadera, ducha
shower
sháuer

secadora de pelo
hair dryer
jer dráier

talco
powder
páuder

tapete
carpet, rug
kárpet, rog

toalla
towel
táuel

toalla sanitaria
sanitary napkin
sánitari nápken

En la cocina
In the kitchen

agua
water
uárer

azúcar
sugar
shúgar

azucarera
sugar bowl
shúgar bóul

batidora
mixer
mékser

café
coffee
kófi

cafetera
coffee pot
kófi pot

carne
meat
mít

congelador
freezer
frízer

copa de vino
wine glass
uáin glas

cuchara
spoon
spún

cuchillo
knife
náif

charola
tray
tréi

delantal
apron
éipron

ensaladora
salad bowl
sálad bóul

escoba
broom
brum

estufa
stove
stóuv

fregadero
sink
senk

fruta
fruit
frut

guantes para el horno
oven gloves
óuven glóuvs

horno
oven
óuven

horno de microondas
microwave oven
máikrouéiv óuven

huevo
egg
eg

jabón líquido
liquid soap
líkuid sóup

jamón
ham
jam

jarra
jug
yog

jerga
kitchencloth
kétchen klóuzd

jugo
juice
yus

lavadora de platos
dishwasher
déshuásher

leche
milk
mélk

licuadora
blender
blénder

mantel
tablecloth
téibolklóuzd

mantel individual
place mat
pléis mat

olla
pot
pot

plato
dish, plate
desh, pléit

plato para taza
saucer
sóser

procesador de
  alimentos
food processor
fud prosésor

recogedor
dust pan
dost pan

refrigerador
refrigerator
refríyeréitor

salero
salt shaker
solt shéiker

sartén
saucepan
sóspan

servilleta
napkin
nápken

taza
cup
kop

té
tea
tí

tenedor
fork
fork

tostador
toaster
tóuster

trapeador
floor mop
flor map

trapo de cocina
tea towel
tí táuel

vaso
glass
glas

verduras
vegetables
véchtabols

En el comedor
In the dining room

aparador
cabinet
kábinet

copas
glasses
gláses

mesa
table
téibol

sillas
chairs
chérs

vajilla
tableware
téiboluér

vitrina
glass cabinet
glas kábinet

En la recámara
In the bedroom

alfombra
carpet
kárpet

almohada
pillow
pélou

armario
closet
klóset

cajón
drawer
dror

cama
bed
bed

colchón
matress
mátres

manta, cobertor
blanket
blánket

En la sala
In the living room/ family room

cómoda
chest of drawers
chest of drors

mesa de noche
night table
náit téibol

chimenea
chimney
chémni

edredón
quilt
kuílt

percha, gancho
hanger
jánguer

florero
vase
véis

escritorio
desk
desk

persianas
blinds
bláinds

maceta
flowerpot
fláuerpot

espejo
mirror
mérror

sábana
sheet
shíit

sillón
armchair
ármcher

funda
pillowcase
péloukéis

sobrecama
bedspread
bédspred

sofá
sofa
sóufa

lámpara
lamp
lamp

Verbos relacionados
Related verbs

acostarse
go to bed
góu tu bed

cenar
have supper/dinner
jav sóper/déner

descansar
rest
rest

apagar
turn off
tern of

cocinar
cook
kuk

despertar
awake, wake up
auéik, uéik ap

aspirar
vacuum
vákium

comer
eat
it

dormir
sleep
slip

ayudar
help
jelp

comprar
buy
bái

encender
turn on
tern on

bañarse
take a bath/shower
téik a bazd/sháuer

contestar
answer
ánser

lavar
wash
uásh

beber
drink
drénk

desayunar
have breakfast
jav brékfast

levantarse
get up
guét ap

limpiar	pararse	sonar (el teléfono)
clean	stand up	ring
klín	*stand ap*	*reng*
llamar	poner	soñar
call	put	dream
kol	*put*	*drim*
llamar por teléfono	sacudir	tender la cama
phone	dust	make the bed
fóun	*dast*	*méik zda bed*
ordenar	sentarse	ver TV
order	sit down	watch TV
órder	*set dáun*	*uátch tíví*

Expresiones cotidianas
Everyday language

Good morning.
Gud mórning.
Buenos días.

Did you sleep well?
Ded yu slip uél?
¿Dormiste bien?

May I help you?
Méi ái jelp yu?
¿Te puedo ayudar?

What do you want for lunch?
Juát du yu uánt for lonch?
¿Qué quieres comer?

Have a nice day.
Jav a náis déi.
Que tengas un buen día.

Thanks for everything.
Zdanks for évrizding.
Gracias por todo.

See you tomorrow.
Si yu tumárrou.
Hasta mañana.

Sorry I'm late.
Sórri áim léit.
Discúlpame por llegar tarde.

Palabras, palabras, palabras
Words, words, words

adornos
ornaments,
  decorations
órnaments, dekoréishons

aparato estereofónico
stereo
stério

aspiradora
vacuum cleaner
vákium klíner

cenicero
ashtray
áshtréi

cortinas
curtains, drapes
kértens, dréips

cuadro
painting
péinting

enchufe
plug
plog

jardín
garden
gárden

llave
key
kí

muebles
furniture
férnichur

pared
wall
uól

patio
yard
yard

persianas
blinds
bláinds

piso
floor
flor

plantas
plants
plants

puerta
door, gate
dor, guéit

radio
radio
réidiou

recibidor
hall
jol

seguro
lock
lok

techo
ceiling
síling

teléfono
telephone
télefóun

televisor
T. V. set
tíví set

terraza
terrace
térras

tostador de pan
toaster
tóuster

ventana
window
uíndou

videograbadora
videocassette
  recorder/player
vídiokasét rikórder/pléier

Departamento   *Apartment*

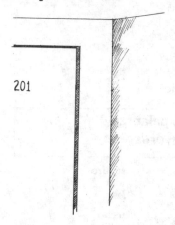

201

202

Diálogos modelo
Model dialogues

A —I would like some information about your apartments.
Ái uúd láik som informéishon abáut yur apártments.
¿Me podría informar sobre los departamentos?

B —Yes, of course. You will find everything you need to know in this brochure.
Yes, of kórs. Yu uíl fáind évrizding yu nid tu nóu en zdes bróshure.
Sí, por supuesto. En este folleto encontrará toda la información que necesita.

A —Thank you.
Zdenk yu.
Gracias.

B —You're welcome.
Yur uélkom.
No hay de qué.

Continental Lodging
(Hospedaje Continental)

Spacious 1 and 2 bedroom apartments completely furnished, including color TV, fully equipped kitchens and private telephones.
Amplios departamentos de 1 y 2 recámaras, completamente amueblados. Se incluye televisor a color, cocina equipada y teléfono privado.

Maid service.
Servicio de limpieza.

Tennis court and swimming pool.
Cancha de tenis y alberca.

Daily, weekly and monthly rates.
Se alquila por día, por semana o por mes.

For further information or reservations, call: (713) 7407231.
Para mayores informes o reservaciones, llame al: (713) 7407231.

Hotel   *Hotel*

Diálogos modelo
Model dialogues

A —May I help you?
Méi ái jelp yu?
¿Puedo ayudarle?

B —Yes. We have reservations. The name is González.
Iés. Uí jav reservéishons. Zda néim es González.
Sí, tenemos reservaciones a nombre del Sr. González.

A —Oh yes, please fill out the registration card, Mr.
González.
Óu iés, plís fel áut zda reyistréishon kard, méster González.
Sí, por favor llene la forma de registro, Sr. González.

B —Where do I have to sign?
Juér du ái jav tu sáin?
¿Dónde tengo que firmar?

A —Here, please. Do you have a credit card?
Jíer, plís. Du yu jav a krédit kard?
Aquí, por favor. ¿Tiene alguna tarjeta de crédito?

B —Yes, here it is.
Iés, jíer et es.
Aquí la tiene.

~~~~~~~~~~~~~~~

A —Excuse me, where can I get a soft drink?
Ekskiús mi, juér kan ái guét a soft drénk?
Perdone, ¿dónde puedo conseguir un refresco?

B —There is a soft drink machine near the elevator.
Zder es a soft drénk mashín níer zdi elevéitor.
Hay una máquina automática de refrescos cerca del
elevador.

~~~~~~~~~~~~~~~

A —Do you have a room for two persons?
Du yu jav a rum for tu pérsons?
¿Tiene una habitación para dos personas?

B —For how many nights?
For jáu méni náits?
¿Por cuántas noches?

A —Two nights.
Tu náits.
Dos noches.

B —Yes, sir, we do.
Iés, ser, uí du.
Sí, señor, sí tenemos.

~~~~~~~~~~~~~~~

A —May I have my key, please? Room 748.
Méi ái jav mái kí, plís? Rum séven for éit.
¿Me da mi llave, por favor? Habitación 748.

B —Here you are.
Jíer yu ar.
Aquí tiene.

~~~~~~~~~~~~~~~

A —Is there any mail for me, please?
Es zder éni méil for mi, plís?
¿Me llegó algo por correo?

B —Your room number, please?
Yur rum nómber, plís?
¿Cuál es su número de habitación?

A —748.
Séven for éit.
748.

B —No mail, sir.
Nóu méil, ser.
No, señor.

~~~~~~~~~~

A —Could you please wake me up at 7 a.m. tomorrow?
Kud yu plís uéik mi ap at séven éi em tumárrou?
¿Puede llamarme mañana a las 7 de la mañana, por favor?

B —Of course.
Of kors.
Desde luego.

A —Room service? I would like to order breakfast for room 748.
Rum sérvis? Ái uúd láik tu órder brékfast for rum séven for éit.
¿Servicio a cuartos? Quisiera ordenar el desayuno para la habitación 748.

B —Of course, what would you like?
Of kors, juát uúd yu láik?
Desde luego, ¿qué desea?

A —Two scrambled eggs, orange juice, toast and coffee, please.
Tu skrámbold egs, óranch yus, tóust and kófi, plís.
Dos huevos revueltos, jugo de naranja, pan tostado y café.

B —¡Certainly! It will be there in 15 minutes.
Sértenli. Et uíl bi zder en feftín mínets.
Muy bien, se lo enviaremos en 15 minutos.

A —Thank you.
Zdenk yu.
Gracias.

___

A —I'm checking out now. Could I have my bill, please?
Áim chéking áut náu. Kud ái jav mái bil, plís?
Voy de salida. ¿Podría darme mi cuenta, por favor?

B —Certainly. What's your room number?
Sértenli. Juáts yur rum nómber?
Desde luego, ¿cuál es su número de habitación?

A —Room 420. The name is González.
Rum for tuéni. Zda néim es González.
Habitación 420. Mi nombre es González.

B —Here we are. Are you paying with a credit card?
Jíer uí ar. Ar yu péing uízd a krédit kard?
Aquí está. ¿Va a pagar con tarjeta de crédito?

A —Yes, please.
Iés, plís.
Sí, por favor.

___

A —Can you call a taxi, please? I'm checking out.
Kan yu kol a táksi, plís? Áim chéking áut.
¿Puede llamar un taxi? Voy de salida.

___

A —Guest service, may I help you? This is Chuck.
Guést sérvis, méi ái jelp yu? Zdes es Chok.
Servicio a los huéspedes. ¿Puedo ayudarle? Mi nombre es Chuck.

B —Yes. Can you recommend a good Chinese
restaurant? Not too expensive, please.
*Iés. Kan yu rékomend a gud chainís réstorant? Not tu eks-
pénsiv, plís.*
Sí. ¿Puede recomendarme un buen restaurante chi-
no que no sea muy caro?

A —Sure. The — is four blocks from here. Do you want
me to make a reservation?
*Shur. Zda — es for bloks from jíer. Du yu uánt mi tu méik
a reservéishon?*
Sí. El — está a cuatro cuadras de aquí. ¿Quiere que
le haga una reservación?

B —Yes, please, a table for five, for 6 o'clock.
Iés, plís, a téibol for fáiv, for seks oklók.
Sí, por favor, una mesa para cinco a las 6 de la tarde.

Necesitará saber
You will need to know

Excuse me. How far is — from the hotel?
Ekskiús mi. Jáu far es — from zda joutél?
Disculpe. ¿A qué distancia está — del hotel?

I don't remember my room number. My name is —.
Ái dóunt rimémber mái rum nómber. Mái néim es —.
No recuerdo el número de mi habitación. Mi nom-
bre es —.

Where is the elevator?
Juér es zdi elevéitor?
¿Dónde está el elevador?

May I have my key?
Méi ái jav mái kí?
¿Me da mi llave?

I want to make a long distance call.
Ái uánt tu méik a long déstans kol.
Quiero hacer una llamada de larga distancia.

Please bring an extra blanket.
Plís breng an ékstra blánket.
Por favor, traiga otra manta.

There are no towels.
Zder ar nóu táuels.
No hay toallas.

I want to send some clothes to the laundry.
Ái uánt tu send som klóuzds tu zda lóndri.
Quiero mandar ropa a la lavandería.

I want to have a dress ironed.
Ái uánt tu jav a dres áirond.
Quiero que me planchen un vestido.

Is it air conditioned?
Es et er kondíshond?
¿Tiene aire acondicionado?

How much is it per night?
Jáu moch es et per náit?
¿Cuánto es por noche?

Can I drink the water from the faucet?
Kan ái drenk zdi uárer from zda fóset?
¿Puedo tomar agua de la llave?

What is the voltage?
Juát es zda vóltach?
¿Cuál es el voltaje?

What time is breakfast served?
Juát táim es brékfast servd?
¿A qué hora sirven el desayuno?

PHONE LIST
Lista telefónica

Local calls . . . . . . *1 + number*
(Llamadas locales   1 + el número que desea)

Long distance calls . *1 + area code + number*
(Llamadas
de larga distancia   1 + código + número que desea)

Operator assistance . *1 + 0 + area code + number*
(Ayuda del operador   1 + 0 + código + número que desea)

Directory assistance . *1 + XX*
(Directorio   1 + XX)

Room to room calls . *2 + room number*
(Llamadas de habitación
a habitación   2 + número de habitación)

Hotel operator / Security 0
(Operador del hotel / Seguridad 0)

Front Desk
(Recepción)

Front Office Manager
(Gerente en turno)

Reservations
(Reservaciones)

Concierge
(Conserje)

Bell captain
(Capitán de botones)

Restaurant
(Restaurante)

Bar
(Bar)

Room Service
(Servicio a cuartos)

Gift Shop
(Tienda de regalos)

Housekeeper
(Ama de llaves)

Tobacconist
(Tabaquería)

Letreros
Signs

FOR YOUR PROTECTION

(Por su protección)

Be sure your door is double locked.

(Asegúrese de que su puerta tenga los dos seguros.)

Be sure your chain is secured to the wall at all times.

(Asegúrese de poner la cadena.)

Encontrará
You will find

agua caliente, fría
hot, cold water
jat, kóuld uárer

alberca
swimming pool, pool
suíming pul, pul

almohada
pillow
pélou

artículos de tocador
toiletries
tóiletris

baño
bathroom
bázdrum

bar
bar
bar

botones
bellboy
bélboi

cafetería
coffee shop
kófi shop

cajero, cajera
cashier
kashíer

camarera
maid
méid

conserje
concierge
konsiérch

cuarto, habitación
room
rum

cuenta
check, bill
chek, bil

elevador
elevator
éleuéitor

empleado
clerk
klérk

escaleras
stairs
sters

gerente
manager
mánayer

hielo
ice
áis

huésped
guest
guést

jabón
soap
sóup

llave
key
kí

manta
blanket
blánket

máquina de
cigarrillos
cigarette machine
sígarret mashín

máquina de refrescos
soft drink machine
soft drénk mashín

máquina para hielo
ice machine
áis mashín

pañuelo desechable
tissue
tíshu

papel higiénico
toilet paper
tóilet péiper

portero
porter
pórer

primer piso, segundo
  piso, tercer piso...
first floor, second
  floor, third floor...
ferst flor, sékond flor,
  zderd flor...

recepción
front desk, reception
front desk, risépshon

restaurante
restaurant
réstorant

salida de emergencia
emergency exit
eméryensi éksit

seguro
lock
lok

servicio a cuartos
room service
rum sérvis

servicio a huéspedes
guest service,
  information desk
guést sérvis,
  informéishon desk

televisor
TV set
tíví set

toalla
towel
táuel

vestíbulo
lobby
lóbi

Hotel

REGISTRATION CARD
Forma de registro

Last name . . . *First name*   *Middle initial* . . . .
(Apellido)   (Nombre)   (Inicial)

Home address . . . .
(Domicilio)

City, State or Province . . . . *Country* . . . . . .
(Ciudad, estado o provincia)   (País)

Arrival date . . . . *Departure* . . . .
(Fecha de llegada)   (Salida)

Length of stay . . . .
(Duración de su estancia)

Number of people in room . . . .
(Número de personas en la habitación)

Nationality . . . . *Passport number* . . . .
(Nacionalidad)   (Número de pasaporte)

Sign here . . . .
(Firme aquí)

Check out time is 12:00 noon
(Hora de salida: 12:00 m)

Verbos relacionados
Related verbs

cerrar con llave	llegar	regresar
lock	arrive	come back
lok	*arráiv*	*kom bak*
confirmar	pagar	reservar
confirm	pay	make a reservation
konférm	*péi*	*méik a reservéishon*
hospedarse	pedir	salir
stay	ask for, order	leave
stéi	*ask for, órder*	*lírv*
llamar por teléfono	quejarse	
telephone, call	complain	
télefoun, kol	*kompléin*	

Expresiones cotidianas
Everyday language

Going up?
Góing ap?
¿Sube? (el elevador)

Good morning, Sir.
Gud mórning, ser.
Buenos días, señor.

Have a nice day.
Jav a náis déi.
Que tenga un buen día.

This is your key.
Zdes es yur kí.
Aquí tiene su llave.

The bellboy will show you your room.
Zda bélboi uíl shóu yu yur rum.
El botones le enseñará su habitación.

En automóvil *By car*

Diálogos modelo
Model dialogues

A —Excuse me, is there a gas station near here?
Ekskiús mi, es zder a gas stéishon níer jíer?
Disculpe, ¿hay alguna gasolinera cerca de aquí?

B —Yes, you will find one a few miles ahead.
Iés, yu uíl fáind uán a fiú máils ajéd.
Sí, hay una a unos cuantos kilómetros.

A —Thank you.
Zdenk yu.
Gracias.

A —I think I'm lost. Could you tell me how to get to Highway 30?
Ái zdenk áim lost. Kud yu tel mi jáu tu guét tu jáiuéi zdéri?
Creo que me perdí. ¿Podría decirme cómo llegar a la carretera 30?

27

B —You have to go back to Second Street, then turn
right, and you will find the entrance to Highway 30.
Yu jav tu góu bak tu sékond strít, zden tern ráit, and yu uíl
fáind zdi éntrans tu jáiuéi zdéri.
Regrese a la calle dos, dé vuelta a la derecha y ahí
encontrará la entrada a la carretera 30.

A —Thank you very much.
Zdenk yu véri moch.
Muchas gracias.

~~~~~~~~~~~~

A —Excuse me. Is this the right way to the Art Museum?
Ekskiús mi. Es zdes zda ráit uéi tu zdi art miusíem?
Perdone. ¿Por aquí se llega al Museo de Arte?

B —Yes, you are on the right street. The museum is 10
miles from here.
Iés, yu ar on zda ráit strít. Zda miusíem es ten máils from jíer.
Sí, va por la calle correcta. El museo está a unos cinco
kilómetros de aquí.

A —Thank you very much.
Zdenk yu véri moch.
Muchas gracias.

Necesitará saber
You will need to know

Do you have a map of the city?
Du yu jav a map of zda séri?
¿Tiene un mapa de la ciudad?

Is this the way to —?
Es zdes zda uéi tu —?
¿Por aquí se llega a —?

How far is it to —?
Jáu far es et tu —?
¿A qué distancia se encuentra —?

How can I get to —?
Jáu kan ái guét tu —?
¿Cómo puedo llegar a —?

Where can I park?
Juér kan ái park?
¿Dónde me puedo estacionar?

Go straight ahead.
Góu stréit ajéd.
Siga derecho.

Go to the first intersection.
Góu tu zda ferst intersékshon.
Siga hasta la primera intersección.

Turn right at the traffic light.
Tern ráit at zda tráfik láit.
Dé vuelta a la derecha en el semáforo.

Take the road to — and follow the signs.
Téik zda róud tu — and fálou zda sáins.
Tome la carretera a — y siga las señales.

Turn left.
Tern left.
Dé vuelta a la izquierda.

Turn right.
Tern ráit.
Dé vuelta a la derecha.

Letreros
Signs

BUS STOP

(parada de autobuses)

LEFT TURN

(vuelta a la izquierda)

CAUTION

(precaución)

LEFT TURN ONLY

(vuelta a la izquierda solamente)

DANGER

(peligro)

NO LEFT TURN

(no hay vuelta a la izquierda)

DO NOT ENTER

(prohibido el paso)

NO LITTERING

(no tire basura)

ENTRANCE

(entrada)

NO RIGHT TURN

(no hay vuelta a la derecha)

EXIT ONLY

(salida solamente)

NO THROUGH STREET

(calle cerrada)

ONE WAY

(un solo sentido)

SLOW DOWN

(baje la velocidad)

OUT OF ORDER

(fuera de servicio)

SPEED LIMIT

(límite de velocidad)

PUSH THE BUTTON FOR CROSSING

(oprima el botón para cruzar)

STOP

(alto)

RIGHT TURN

(vuelta a la derecha)

WAIT FOR THE LIGHT

(espere la señal)

RIGHT TURN ONLY

(vuelta a la derecha
solamente)

Verbos relacionados
Related verbs

acelerar	chocar	llenar
speed up	crash	fill
spid ap	*krash*	*fel*
arrancar	dar vuelta	manejar
start	turn	drive
start	*tern*	*dráiv*
avanzar	detenerse	preguntar
go on	stop	ask
góu on	*stop*	*ask*
bajarse	esperar	regresar
get out of	wait	go back, return
guét áut of	*uéit*	*góu bak, ritérn*
balancear	estacionarse	reventar
balance	park	blow up
bálans	*park*	*blóu ap*
cambiar la llanta	frenar	subirse
change a tire	brake	get in
chéinch a táier	*bréik*	*guét en*
circular	ir	tocar el claxon
drive	go	blow the horn
dráiv	*góu*	*blóu zda jorn*

Expresiones cotidianas
Everyday language

How do I get to —?
Jáu du ái guét tu —?
¿Cómo llego a —?

Can you tell me where — is?
Kan yu tel mi juér — es?
¿Me puede decir dónde está —?

Fill the tank up, please.
Fel zda tank ap, plís.
Llene el tanque, por favor.

Follow the signs.
Fálou zda sáins.
Siga las señales.

Don't drink and drive.
Dóunt drenk and dráiv.
No tome y maneje./Si toma, no maneje.

Palabras, palabras, palabras
Words, words, words

aceite	buzón	conductor
oil	mailbox	driver
óil	*móilboks*	*dráiver*
acera	cabina telefónica	cuadra
sidewalk	phone booth	block
sáiduók	*fóun buzd*	*blok*
agua	cajuela	choque
water	trunk	crash
uárer	*trank*	*krash*
asiento	calle	derecho
seat	street	straight ahead
sít	*strít*	*stréit ajéd*
automóvil	camino	esquina
car	road	corner
kar	*róud*	*kórner*
autopista	carretera	este
expressway, freeway	highway	east
eksprésuéi, fríuéi	*jáiuéi*	*íst*
batería	carril	freno
battery	lane	brake
báteri	*léin*	*bréik*
bujía	cinturón de seguridad	estacionamiento
spark plug	safety belt	parking lot
spark plog	*séifti belt*	*párkin lot*
bulevar	claxon	gasolina
boulevard	horn	gas
búlevard	*jorn*	*gas*

gasolinera
gas station
gas stéishon

gato
jack
yak

intersección
intersection
intersékshon

licencia de
    automovilista
driver's license
dráivers láisens

limpiadores
wipers
uáipers

líquido para frenos
brake fluid
bréik flúid

luz alta
"brights"
bráits

luz baja
"dims"
dims

llanta
tire
táier

llanta baja
flat tire
flat táier

llanta reventada
blow out
blóu áut

norte
north
norzd

oeste
west
uést

parabrisas
windshield
uíndshild

peaje, cuota
toll
tol

placa
plate
pléit

policía
policeman,
    policewoman
polísman, polísuúman

presión de llanta
tire pressure
táier préshur

puesto de periódico
newsstand
niústánd

reparación
repair
ripér

reversa
reverse
rivérs

semáforo
traffic light
tráfik láit

señal de tráfico
traffic signal
tráfik sígnal

siga
drive on/continue
dráiv on/kontíniu

sur
south
sáuzd

taller mecánico
garage
garásh

tanque
tank
tank

taxi
taxicab, taxi, cab
táksikab, táksi, kab

velocidad
speed, gears
spid, guíers

En avión   *By plane*

Diálogos modelo
Model dialogues

En el aeropuerto   *At the airport*

A.A. announces the departure of its flight 999 to —.
All passengers please proceed to gate 50.
*Éi éi anáunses zda dipárchur of ets fláit náin náin náin tu
—. Ol pásenyers plís prosíd tu guéit féfty.*
A.A. anuncia la salida de su vuelo 999 a —. Favor de
abordar por la puerta 50.

En la sala   *At the gate*

Rows — to —, please board the plane.
Róus — tu —, plís bord zda pléin.
Filas — a —, favor de abordar.

En el avión   *On the plane*

We're ready to take off.
Uír rédi tu téik of.
Estamos listos para despegar.

Please extinguish your cigarettes, fasten your seat
belts and straighten your seat backs.
*Plís ekstíngüish yur sígarrets, fásen yur set belts and stréiten
yur set baks.*
Por favor apaguen sus cigarrillos, abróchense los cinturones y enderecen el respaldo de sus asientos.

A —Something to drink?
　　Sómzding tu drenk?
　　¿Algo de beber?

B —Coffee, please.
　　Kófi, plís.
　　Café, por favor.

A —Cream and sugar?
　　Krím and shúgar?
　　¿Crema y azúcar?

B —Yes, please.
　　Iés, plís.
　　Sí, por favor.

A —Here you are.
　　Jíer yu ar.
　　Aquí tiene.

—————

A —Something to read?
　　Sómzding tu rid?
　　¿Desea algo para leer?

B —Yes, a magazine, please.
　　Iés, a mágazin, plís.
　　Sí, una revista, por favor.

A —We have — or —.
　　Uí jav — or —.
　　Tenemos — o —.

Necesitará saber
You will need to know

Excuse me sir, what time do we arrive in —?
Ekskiús mi ser, juát táim du uí arráiv en —?
Disculpe señor, ¿a qué hora llegamos a —?

We arrive there at 12:30.
Uí arráiv zder at tuélv zdéri.
Llegamos a las 12:30.

I have a connecting flight.
Ái jav a konékting fláit.
Tengo que conectar con otro vuelo.

Don't worry, you won't miss it.
Dóunt uérri, yu uónt mes et.
No se preocupe, no lo perderá.

Is it very expensive to take a taxi to go downtown?
Es et véri ekspénsiv tu téik a táksi tu góu dáuntáun?
¿Es muy caro tomar un taxi para llegar al centro?

It's better to take a bus. Taxis are very expensive.
Ets bérer tu téik a bas. Táksis ar véri ekspénsiv.
Es mejor tomar un autobús. Los taxis son muy caros.

Is there a bank at the airport?
Es zder a bank at zdi érport?
¿Hay algún banco en el aeropuerto?

I want to change some money.
Ái uánt tu chéinch som máni.
Quiero cambiar algo de dinero.

There are several banks at the airport.
Zder ar séveral banks at zdi érport.
Hay varios bancos en el aeropuerto.

Letreros
Signs

TO ALL GATES

(a todas las salas)

NONSMOKING SECTION

(sección de no fumar)

FLIGHT NO.

(vuelo no.)

FASTEN YOUR SEAT BELT

(abroche su cinturón)

NOW BOARDING AT GATE

(abordando en la sala)

EXTINGUISH ALL CIGARETTES

(apaguen los cigarrillos)

DEPARTURES

(salidas)

BAGGAGE CLAIM

(entrega de equipaje)

ARRIVALS

(llegadas)

CUSTOMS

(aduana)

SMOKING SECTION

(sección de fumar)

DUTY FREE SHOP

(tienda libre de impuestos)

MONEY EXCHANGE

(cambio de moneda)

IMMIGRATION

(oficina de migración)

INFORMATION

(información)

PUBLIC RELATIONS

(relaciones públicas)

HOTEL RESERVATIONS

(reservaciones de hotel)

POST OFFICE

(oficina de correos)

BANK

(banco)

Verbos relacionados
Related verbs

abrochar	despegar (avión)	llegar
fasten	take off	arrive
fásen	*téik of*	*arráiv*
apagar (cigarrillos)	dormir	pararse
extinguish	sleep	stand up
ekstíngüish	*slíp*	*stand ap*
aterrizar	encontrar	registrarse
land	meet	check in
land	*mit*	*chek en*
cambiar	esperar	salir
change	wait	leave, depart
chéinch	*uéit*	*lítv, dipárt*
cancelar	formarse	sentarse
cancel	get in line	sit down
kánsel	*guét en láin*	*set dáun*
confirmar	fumar	volar
confirm	smoke	fly
konférm	*smóuk*	*flái*

Expresiones cotidianas
Everyday language

Good morning.
Gud mórning.
Buenos días.

Good afternoon.
Gud áfternun.
Buenas tardes.

Good evening.
Gud ívning.
Buenas noches.

Your attention, please.
Yur aténshon, plís.
Su atención, por favor.

Put your bag under your seat.
Pút yur bag ánder yur sit.
Ponga su equipaje de mano debajo de su asiento.

Please check you have all your personal belongings with you.
Plís chek yu jav ol yur pérsonal bilónguings uízd yu.
Asegúrese de llevar todo su equipaje de mano.

In a few minutes we will be landing at —.
En a fiú mínets uí uíl bi lánding at —.
En unos minutos aterrizaremos en —.

Straighten your seat back.
Stréiten yur sit bak.
Enderece el respaldo de su asiento.

¿How many bags?
Jáu méni bags?
¿Cuántas maletas trae?

Palabras, palabras, palabras
Words, words, words

a tiempo	boleto	clase turista
on time	ticket	tourist class
on táim	*tíket*	*túrist klas*
abordar	boleto de equipaje	conexión
board	luggage ticket	connection
bord	*lógach tíket*	*konékshon*
asiento	cabina	copiloto
seat	cabin	copilot
sít	*kábin*	*kopáilot*
avión	café	chaleco salvavidas
plane	coffee	life vest
pléin	*kófi*	*láif vest*
azafata	ciudadano de EE. UU.	derecho de aeropuerto
air hostess	US citizen	airport tax
er jóustes	*iú es sítisen*	*érport taks*

desocupado
vacant
véikant

despegue
take off
téik of

equipaje
luggage, baggage
lógach, bágach

exceso de equipaje
excess baggage
eksés bágach

extintor
extinguisher
extíngüisher

fila
row
róu

refresco
soda
sóuda

hora de llegada
arrival time
arráival táim

hora de salida
departure time
dipárchur táim

lavatorio, baño
lavatory
lávatori

libre de impuestos
duty free
diúti frí

lista de espera
waiting list
uéiting lest

llegada
arrival
arráival

maletero
porter
pórer

mascarilla de oxígeno
oxygen mask
óksiyen mask

mostrador
counter
káunter

no fumar
no smoking
nóu smóuking

no residentes
nonresidents
non-résidents

ocupado
occupied
ókiupáid

pasajero
passenger
pásenyer

pasaporte
passport
pásport

pase de abordar
boarding pass
bórding pas

pasillo
aisle
áil

piloto
pilot
páilot

primera clase
first class
ferst klas

registro
check in
chek en

reservación
reservation
reservéishon

residentes
residents
résidents

retrasado
delayed
diléid

sala
gate
guéit

salida
departure
dipárchur

salida de emergencia
emergency exit
eméryensi éksit

seguro
insurance
enshúrans

sin escalas
nonstop
nónstop

sobrecargo
steward, stewardess
stiúard, stiúardés

sobrevendido
overbooked
óuverbúkt

varias escalas
several stops
séveral stops

vaso de agua
glass of water
glas of uárer

ventanilla
window
uíndou

vuelo
flight
fláit

vuelo de conexión
connecting flight
konékting fláit

Migración y aduana   *Immigration and Customs*

A —Your passport, please.
Yur pásport, plís.
Su pasaporte, por favor.

B —Here you are.
Jíer yu ar.
Aquí tiene.

A —Purpose of trip?
Pérpos of trip?
¿Motivo del viaje?

B —Vacation/Business.
Vakéishon/Bísnes.
Vacaciones/Negocios.

A —How long do you plan to stay?
Jáu long du yu plan tu stéi?
¿Cuánto tiempo piensa quedarse?

B —Two weeks.
Tú uíks.
Dos semanas.

A —Anything to declare?
  Énizding tu diklér?
  ¿Algo que declarar?

B —No, sir.
  Nóu, ser.
  No, señor.

A —Any food, vegetables, fruit, or beverages?
  Éni fud, véchtabols, frut, or bévraches?
  ¿Trae algo de comida, verduras, fruta o bebida?

B —No.
  Nóu.
  No.

A —Please open your bag.
  Plís óupen yur bag.
  Por favor, abra su maleta.

Necesitará saber
You will need to know

This is my baggage.
Zdes es mái bágach.
Éste es mi equipaje.

Where are you staying?
Juér ar yu stéing?
¿En dónde va a hospedarse?

What is your home address?
Juát es yur jóum adrés?
¿Cuál es su dirección?

Stand behind the yellow line.
Stand bijáind zda yélou láin.
Párese detrás de la raya amarilla.

Wait for your turn.
Uéit for yur tern.
Espere su turno.

Stand in line.
Stand en láin.
Fórmese.

Your visa has expired.
Yur visa jas ekspáierd.
Su visa está vencida.

You will need a permit.
Yu uíl nid a pérmit.
Necesitará un permiso.

Fill out this form.
Fel áut zdes form.
Llene esta forma.

Letreros
Signs

IMMIGRATION

(migración)

US RESIDENTS

(residentes de los Estados Unidos)

NONRESIDENTS

(no residentes)

STAND HERE

(párese aquí)

CUSTOMS

(aduana)

Verbos relacionados
Related verbs

abrir
open
óupen

ayudar
help
jelp

comprender
understand
ánderstand

dar
give
guév

emitir
issue
íshu

enseñar
show
shóu

esperar
wait
uéit

hablar
speak
spík

hospedarse
stay
stéi

llenar (una forma)
fill out, fill in
fel áut, fel en

pararse
stand
stand

pasar
pass
pas

quedarse en un lugar
stay
stéi

tener
have
jav

vencer, expirar
(permiso)
expire
ekspáier

ver
see
sí

IMMIGRATION FORM
(forma de migración)

Name (first) . . . . *Last (family)* . . . .
(Nombre)   (Apellido)

Address . . . . *Country of birth* . . . *Age* . .
(Dirección)   (País de nacimiento) . . (Edad)

Citizen of . . . . *Flight number* . . . .
(Ciudadano de)   (Número de vuelo)

Nationality . . . . *City of origin* . . . .
(Nacionalidad)   (Ciudad donde embarcó)

City of destination . . . .
(Ciudad a donde se dirige)

Visa issued . . . .
(Visa emitida en)

Expresiones cotidianas
Everyday language

May I see your passport?
Méi ái si yur pásport?
¿Puedo ver su pasaporte?

I don't understand English.
Ái dóunt ánderstand ínglish.
No entiendo inglés.

Can you help me?
Kan yu jelp mi?
¿Me puede ayudar?

Do you have any relatives in the US?
Du yu jav éni rélativs en zdi iú es?
¿Tiene parientes en los Estados Unidos?

Have your passport ready.
Jav yur pásport rédi.
Tenga su pasaporte listo.

Have all your documents ready.
Jav ol yur dókiuments rédi.
Tenga preparados todos sus documentos.

Palabras, palabras, palabras
Words, words, words

abierto	equipaje	oficial
open	luggage, baggage	official
óupen	*lógach, bágach*	*ofíshal*
apellido	familiares	origen
last name	relatives	origin
last néim	*rélativs*	*óriyin*
cerrado	firma	país
closed	signature	country
klóusd	*sígnachur*	*kóntri*
ciudad	forma	pasaporte
city	form	passport
séri	*form*	*pásport*
ciudadano	fotografía	permiso
citizen	photograph	permission
sétisen	*fóutóugraf*	*permíshon*
dependiente	línea, fila	turno
clerk	line	turn
klérk	*láin*	*tern*
dirección	mostrador	visa
address	counter	visa
adrés	*káunter*	*vísa*
documento	nacionalidad	vuelo
document	nationality	flight
dókiument	*nashonáliti*	*fláit*

Por autobús

By bus

Diálogos modelo
Model dialogues

A —Excuse me, is there a direct bus to —?
Ekskiús mi, es zder a dáirekt bas tu —?
Disculpe, ¿hay servicio directo a —?

B —No, sir, it stops at —.
Nóu ser, et stops at —.
No, señor, hace una parada en —.

A —How long does it take to get to — then?
Jáu long dos et téik tu guét tu — zden?
¿Cuánto hace a — entonces?

B —About four hours.
Abáut for áuers.
Aproximadamente cuatro horas.

A —What time does the bus to — leave?
Juát táim dos zda bas tu — lív?
¿A qué hora sale el autobús para —?

B —At nine o'clock.
   At náin oklók.
   A las nueve.

A —Please give me two tickets.
   Plís guév mi tú tíkets.
   Por favor, deme dos boletos.

B —Alright. That will be $ —.
   Ólráit. Zdad uíl bí $ —.
   Muy bien. Son —.

Necesitará saber
You will need to know

What's the fare to —?
Juáts zda fer tu—?
¿Cuánto cuesta el boleto a —?

What time does the bus stop in —?
Juát táim dos zda bas stop en —?
¿A qué hora llega el autobús a —?

Does the bus stop at —?
Dos zda bas stop at —?
¿Para el autobús en —?

How many runs are there daily?
Jáu méni rons ar zder déili?
¿Cuántas corridas hay al día?

We will be leaving in 30 minutes.
Uí uíl bi líving en zdéri mínets.
Saldremos en 30 minutos.

Letreros
Signs

WATCH YOUR STEP

(pise con cuidado)

FOR SCHEDULE AND FARE INFORMATION CALL...

(para informes sobre
horarios y tarifas llame...)

INFORMATION

(información)

Verbos relacionados
Related verbs

bajar	llegar	salir
get off	arrive	depart
guét of	*arráiv*	*dipárt*
comprar	manejar	subir
buy	drive	get on
bái	*dráiv*	*guét on*
esperar	parar	ver
wait	stop	see
uéit	*stop*	*si*

Expresiones cotidianas
Everyday language

Can I sit near the window?
Kan ái set níer zda uíndou?
¿Me puedo sentar junto a la ventana?

What station is this?
Juát stéishon es zdes?
¿Qué estación es ésta?

We will stop for 20 minutes.
Uí uíl stop for tuéni mínets.
Nos detendremos aquí 20 minutos.

Palabras, palabras, palabras
Words, words, words

abierto(a)	distancia	parada
open	distance	stop
óupen	*déstans*	*stop*
asiento	equipaje	ruta
seat	luggage, baggage	route
sit	*lógach, bágach*	*rut*
autobús	escalones	salida
bus	steps	departure
bas	*steps*	*dipárchur*
boleto	estación	tarifa
ticket	terminal	fare
tíket	*términal*	*fer*
cerrado(a)	itinerario, horario	terminal de autobuses
closed	schedule	bus terminal
klóusd	*skédiul*	*bas términal*
compartimiento de		
equipaje	localizado	ventanilla
luggage compartment	located	window
lógach kompártment	*lokéited*	*uíndou*
chofer	llegada	
driver	arrival	
dráiver	*arráival*	

Por ferrocarril

By train

> ### Diálogos modelo
> ### Model dialogues

A —Where can I buy train tickets?
Juér kan ái bái tréin tíkets?
¿Dónde puedo comprar boletos de ferrocarril?

B —At the railroad station.
At zda réilróud stéishon.
En la estación del tren.

A —Where is it?
Juér es et?
¿Dónde está?

B —Oh, it's a long way from here. You have to take a
bus or a taxi to get there.
*Óu, ets a long uéi from jíer. Yu jav tu téik a bas or a táksi
tu guét zder.*
Está lejos de aquí. Tiene que tomar un autobús o taxi
para llegar allá.

En la estación *At the station*

A —I want two tickets for —.
Ái uánt tu tíkets for —.
Dos boletos para —, por favor.

B —First Class or Second Class?
Ferst klas or sékond klas?
¿Primera o segunda clase?

A —Second Class.
Sékond klas.
Segunda.

B —Here you are.
Jíer yu ar.
Aquí tiene.

A —How much is it?
Jáu moch es et?
¿Cuánto es?

B —It's $ —.
Et's $ —.
Son $ —.

A —Are there any lockers here?
Ar zder éni lókers jíer?
¿Hay gavetas aquí?

B —Yes, you will find them near the coffee shop.
Iés, yu uíl fáind zdem níer zda kófi shop.
Sí, junto a la cafetería.

A —When is the last train to —?
Juén es zda last tréin tu —?
¿A qué hora sale el último tren a —?

B —At 1:00 a.m.
At uán éi em.
A la 1:00 a.m.

A —What platform does the train to — leave from?
Juát plátform dos zda tréin tu — liív from?
¿De qué andén sale el tren a —?

B —Platform 9.
Plátform náin.
Del andén 9.

Necesitará saber
You will need to know

Where is the reservations office?
Juér es zda reservéishons ófis?
¿Dónde está la oficina de reservaciones?

What is the fare to —?
Juát es zda fer tu —?
¿Cuánto cuesta el boleto a —?

Where is the dining car?
Juér es zda dáining kar?
¿Dónde está el carro comedor?

Is there a connection to —?
Es zder a konékshon tu —?
¿Hay conexión para —?

The train is delayed.
Zda tréin es diléid.
El tren viene retrasado.

The train is on time.
Zda tréin es on táim.
El tren viene a tiempo.

Is this seat taken?
Es zdes sit téiken?
¿Está ocupado este asiento?

What station is this?
Juát stéishon es zdes?
¿Qué estación es ésta?

Amtrak has regular service from — to —.
Changing trains is sometimes necessary.
Ámtrak jas réguíular sérvis from — tu —. Chéinying tréins es sómtaims nésesari.
Amtrak tiene servicio regular de — a —. Algunas veces se requiere cambiar de tren.

For information and reservations, call 731 28 87.
For informéishon and reservéishons kol 731 28 87.
Para informes y reservaciones, llame al 731 28 87.

Letreros
Signs

WATCH YOUR STEP

(pise con cuidado)

TO PLATFORMS

(a los andenes)

ENTRANCE

(entrada)

SMOKING SECTION

(sección de fumar)

NONSMOKING SECTION

(sección de no fumar)

RESTROOMS

(tocadores, baños)

Encontrará
You will find

andén	escalón	tren
platform	step	train
plátform	*step*	*tréin*
asiento	estación de ferrocarril	vagón
seat	train station	coach
sit	*tréin stéishon*	*kóuch*
baño	gaveta	vagón de primera
restroom	locker	clase
réstrum	*lóker*	first class coach
boleto	letrero	*ferst klas kóuch*
ticket	sign	
tíket	*sáin*	vagón de segunda
carretilla		clase
trolley	maletero	second class coach
tróli	porter	*sékond klas kóuch*
	pórer	
carro comedor		ventana
dining car	pasillo	window
dáining kar	aisle	*uíndou*
	áil	
carro dormitorio		vía de ferrocarril
sleeping car	riel	railroad track
slíping kar	track	*réilróud trak*
	trak	
compartimiento		
compartment	taquilla	
kompártment	ticket office	
	tíket ófis	

Verbos relacionados
Related verbs

bajar	comprar	parar
get off	buy	stop
guét of	*bái*	*stop*
cargar	dar propina	salir
carry	tip	leave
kárri	*tep*	*litv*
comer	llegar	sentarse
eat	arrive	sit down
it	*arráiv*	*set dáun*

Expresiones cotidianas
Everyday language

May I see your passport?
Méi ái si yur pásport?
¿Puedo ver su pasaporte?

Your ticket, please.
Yur tíket, plís.
Su boleto, por favor.

Watch your step.
Uátch yur step.
Cuidado con el escalón.

Do you mind if I smoke?
Du yu máind if ái smóuk?
¿Le molesta si fumo?

Renta de automóvil

Car rental

Diálogos modelo
Model dialogues

A —I'd like to rent a car.
   Áid láik tu rent a kar.
   Quisiera rentar un auto.

B —What kind of car?
   Juát káind of kar?
   ¿Qué tipo de auto?

A —A small one, automatic.
   A smol uán, ótomarik.
   Pequeño y automático.

B —Alright, we have a special weekly rate.
   Ólráit, uí jav a spéshal uíkli réit.
   Muy bien, tenemos una tarifa semanal especial.

A — Oh, but I only need it for two days.
   Óu, bot ái óunli nid et for tu déis.
   Pero sólo lo necesito por dos días.

B — OK. Please fill out this form.
Óu kéi. Plís fel áut zdes form.
Bien, llene esta forma, por favor.

A —Can I leave the car at the train station?
Kan ái líiv zda kar at zda tréin stéishon?
¿Puedo dejar el auto en la estación del ferrocarril?

B —Sure, just call us first to let us know the time.
Shur, yost kol as ferst tu let as nóu zda táim.
Claro, sólo tiene que llamarnos antes para informarnos de la hora.

A —Does the rate include full insurance?
Dos zda réit inklúd ful inshúrans?
¿Incluye esta tarifa el seguro de cobertura amplia?

B —No, sir, you'll have to pay an extra 15 dollars for it.
Nóu, ser, yul jav tu péi an ékstra fiftín dólars for et.
No, señor, tendrá que pagar 15 dólares extra.

Necesitará saber
You will need to know

Do you want a small/medium/large/automatic car?
Du yu uánt a smol/mídium/larch/ótomarik kar?
¿Desea un automóvil pequeño/ mediano/ grande/ automático?

Can you pick it up at the hotel?
Kan yu pek et ap at zda joutél?
¿Puede recogerlo en el hotel?

How long do you want it for?
Jáu long du yu uánt et for?
¿Por cuánto tiempo lo quiere?

I'd like it for a day/two days/a week.
Áid láik et for a déi/tu déis/a uík.
Lo quiero por un día/dos días/una semana.

Is the mileage included?
Es zda máilach inklúded?
¿Está incluido el kilometraje?

Is the insurance included?
Es zdi inshúrans inklúded?
¿Está incluido el seguro?

What's the charge per mile?
Juáts zda charch per máil?
¿Cuál es la tarifa por milla/kilómetro?

What time do I have to give it back?
Juát táim du ái jav tu guév et bak?
¿A qué hora tengo que entregarlo?

May I have your driver's license?
Méi ái jav yur dráivers láisens?
¿Puedo ver su licencia, por favor?

Here are the keys.
Jíer ar zda kís.
Aquí tiene las llaves.

Here is a city map.
Jíer es a séri map.
Aquí tiene un mapa de la ciudad.

In case of accident, please call —.
En kéis of áksident, plís kol —.
En caso de accidente, llame al —.

Low unlimited mileage rates
Lóu anlímited máilach réits
Tarifas bajas con millaje ilimitado

Encontrará
You will find

automóvil	llaves	tarifas semanales y
car	keys	mensuales
kar	*kís*	weekly and monthy
		rates
empleado	mapa	*uíkli and mónzdli réits*
clerk	map	
klérk	*map*	
forma	mostrador	
form	counter	
form	*káunter*	

Verbos relacionados
Related verbs

asegurar	necesitar	regresar, devolver
insure	need	take back, return
inshúr	*níd*	*téik bak, ritérn*
estacionarse	pagar	rentar
park	pay	rent
park	*péi*	*rent*
manejar	recoger	revisar
drive	pick up	check
dráiv	*pék ap*	*chék*

Expresiones cotidianas
Everyday language

Where can I rent a car?
Juér kan ái rent a kar?
¿Dónde puedo rentar un carro?

I want a medium-priced car.
Ái uánt a mídium práisd kar.
Quiero un carro barato.

If you need any help, call —.
Ef yu nid éni jelp, kol —.
Si necesita ayuda, llame a —.

Palabras, palabras, palabras
Words, words, words

agente
agent
éyent

ahorro
saving
séiving

aire acondicionado
air conditioning
er kondíshoning

cargo
charge
charch

depósito
deposit
dipósit

día
day
déi

embrague automático
automatic
ótomarik

gasolina
gas
gas

grande
large
larch

kilometraje/millaje
mileage
máilach

licencia de
     automovilista
driver's license
dráivers láisens

mediano
medium
mídium

milla
mile
máil

pequeño
small
smol

renta
rent
rent

seguro
insurance
inshúrans

semana
week
uík

tarifa
rate
réit

tarjeta de crédito
credit card
krédit kard

viaje
trip
trip

BANCO   BANK

Diálogos modelo
Model dialogues

A — Excuse me, is there a bank near here?
Ekskiús mi. Es zder a bank níer jíer?
Disculpe, ¿hay un banco cerca de aquí?

B —Yes, there is one just around the corner.
Iés, zder es uán yost aráund zda kórner.
Sí, hay uno a la vuelta de la esquina.

A —Can I change some money there?
Kan ái chéinch som máni zder?
¿Puedo cambiar dinero ahí?

B —Yes, you can.
Iés, yu kan.
Sí.

A —I would like to cash a foreign check.
Ái uúd láik tu kash a fórein chék.
Necesito cambiar un cheque foráneo.

64

B —You will have to wait one week for clearance. The
comission is $ —.
Yu uíl jav tu uéit uán uík for klírans. Zda komíshon es $ —.
Tendrá que esperar una semana para la autoriza-
ción. La comisión es de $ —.

Necesitará saber
You will need to know

What time do banks open?
Juát táim du banks óupen?
¿A qué hora abren los bancos?

I want to deposit $ —.
Ái uánt tu dipósit $ —.
Deseo depositar $ —.

I want to send a money order.
Ái uánt tu send a máni órder.
Quiero enviar una orden de pago.

I would like to cash some traveler's checks.
Ái uúd láik tu kash som trávelers chéks.
Quisiera cambiar unos cheques de viajero.

Please give me bills and some small change.
Plís guév mi bils and som smol chéinch.
Por favor, deme billetes y algo de monedas.

I would like to open an account.
Ái uúd láik tu óupen an akáunt.
Deseo abrir una cuenta.

What's the exchange rate?
Juáts zdi ekschéinch réit?
¿Cuál es la tasa de cambio?

Letreros
Signs

PLEASE WAIT	**CASHIER**
(espere, por favor)	(cajero)
WINDOW CLOSED	**EXCHANGE**
(ventanilla cerrada)	(cambio de moneda)
WINDOW OPEN	**OPEN FROM 9 TO 1 AND 3 to 5**
(ventanilla abierta)	(abierto de 9 a 1 y de 3 a 5)

Encontrará
You will find

ahorros
savings
séivings

billetes
bills
bils

caja fuerte
safety deposit box
séifti dipósit boks

cajero
cashier, teller
kashíer, téler

cambio (de moneda
  extranjera)
exchange
ekschéinch

cambio (en monedas)
small change
smol chéinch

certificado de
  depósito
certificate of deposit
sertifikéit of dipósit

cliente
costumer, client
kóstiumer/kláient

crédito
credit
krédit

cuenta
account
akáunt

cuenta de cheques
checking account
chéking akáunt

cheque certificado
registered check
réyisterd chék

cheque de viajero
traveler's check
trávelers chék

chequera
checkbook
chékbuk

cheques
checks
chéks

dependiente
clerk
klérk

dinero
money
máni

efectivo
currency
kérrensi

estado de cuenta
statement
stéitment

ficha de depósito
deposit slip
dipósit slep

ficha de retiro de
  fondos
withdrawal slip
uidróual slep

fondos
funds
fonds

gerente
manager
mánayer

giro bancario
bank draft
bank draft

identificación
identification
áidentifikéishon

interés
interest
íntrest

monedas
coins
kóins

mostrador
counter
káunter

orden
order
órder

orden de pago
money order
máni órder

para uso del banco
for bank use only
for bank iús óunli

retiro de fondos
withdrawals
uidróuals

saldo
balance
bálans

tarjeta de crédito
credit card
krédit kard

tasa
rate
réit

transferencias
transfers
tránsfers

ventanilla
window
uíndou

Verbos relacionados
Related verbs

ahorrar
save
séiv

cambiar
change
chéinch

cobrar
cash
kash

depositar
deposit
dipósit

enviar
send
send

firmar
sign
sáin

pedir
ask for
ask for

querer (hacer algo)
want to do something
uánt to du sómzding

retirar
withdraw
uidró

tener
have
jav

Could you please —?
Kud yu plís —?
¿Podría —, por favor?

Please fill out this —.
Plís fel áut zdes —.
Por favor llene este/esta —.

Sign here.
Sáin jíer.
Firme aquí.

How do you want your money?
Jaú du yu uánt yur máni?
¿Cómo quiere el dinero?

CLIMA   *WEATHER*

A —I'm going to Chicago. What's the weather like in
   January?
   Áim going tu Chikágóu. Juáts zda uéder láik en Yánuari?
   Voy a Chicago. ¿Cómo es el clima en enero?

B —Oh! It's very cold. Be sure to take warm clothes.
   You'll need a coat, a cap and gloves.
   *Óu! Ets véri kóuld. Bí shur tu téik uórm klóuzds. Yul nid a
   kóut, a kap and glóuvs.*
   Hace mucho frío. Asegúrese de llevar ropa gruesa.
   Necesitará un abrigo, guantes y gorra.

A —I heard you're going to Miami.
   Ái jerd yur góing tu Maiámi.
   Supe que te vas a Miami.

B —Yes, what shall I wear?
   Iés, juát shal ái uér?
   Sí, ¿qué debo llevar?

69

A —Light clothes. Don't forget to take your swimming
suit and a pair of shorts.
*Láit klóuzds. Dóunt forguét tu téik yur suíming sut and a
per of shorts.*
Ropa ligera. No olvides llevar tu traje de baño y un
par de pantalones cortos.

~~~~~~~~~~~~

A —Aren't you hot?
Árent yu jat?
¿No tienes calor?

B —Yes, I'm very hot.
Iés, áim véri jat.
Sí, tengo mucho calor.

~~~~~~~~~~~~

A —It's freezing. Isn't it?
Ets frízing. Ésenet?
Está helando, ¿verdad?

B —It sure is.
Et shur es.
Así es.

Necesitará saber
You will need to know

It is:
Et es:
Hace:

   cold
   kóuld
   frío

   very cold
   véri kóuld
   mucho frío

   hot
   jat
   calor

   cool
   kul
   fresco

   chilly
   chéli
   un poco de frío

It is:
Et es:
Está:

   raining
   réining
   lloviendo

   snowing
   snóuing
   nevando

   freezing
   frízing
   helando

   hailing
   jéiling
   granizando

   sunny
   sáni
   soleado

I'm cold	Me too	It's not too cold
Áim kóuld	*Mí tú*	*Ets not tu kóuld*
Tengo frío	Yo también	No hace mucho frío

Ropa para cada estación
Clothing for each season

Invierno
Winter

abrigos
coats
kóuts

botas
boots
buts

bufandas
scarves
skarvs

guantes
gloves
glóuvs

medias de lana
woolen stockings
uúlen stákins

sacos, chaquetas
jackets
yákets

sombreros
hats
játs

suéteres
sweaters
suérers

trajes gruesos
thick suits
zdek suts

Primavera
Spring

blusas
blouses
bláuses

camisas de manga
  corta
short sleeve shirts
short sliv sherts

faldas de algodón
cotton skirts
káten skerts

gabardina
raincoat
réinhóut

playeras
T-shirts
tísherts

pantalones cortos,
  bermudas
shorts, bermudas
shorts, bermiúdas

sandalias
sandals
sándals

traje de baño
swimming suit
suíming sut

trajes ligeros
light suits
láit suts

vestidos delgados
light dresses
láit dréses

vestidos sin mangas
sleeveless dresses
slívles dréses

Otoño
Autumn/Fall

chamarras
jackets
yáhots

faldas de lana
woolen skirts
uúlen skerts

Información sobre el clima
Weather information

En Estados Unidos se usan grados Fahrenheit, que equivalen a:
In the United States, Fahrenheit grades are used:

F	C	F	C
212	100	86	30
194	90	68	20
176	80	50	10
158	70	32	0
140	60	14	-10
122	50	0	-17.8
104	40		

Verbos relacionados
Related verbs

abrigarse
wear warm clothes
uér uórm klóuzds

asolearse
sunbathe
sánbéizd

cambiarse de ropa
change clothes
chéinch klóuzds

hacer calor
to be hot
tu bi jat

hacer frío
to be cold
tu bi kóuld

helar
freeze
fríz

llover
rain
réin

nevar
snow
snóu

ponerse (una prenda)
put on
put on

quitarse (una prenda)
take off
téik of

refrescarse
freshen
fréshen

Expresiones cotidianas
Everyday language

What a lovely day!
Juát a lóvli déi!
¡Qué día tan bonito!

Isn't it cold?
Ésenet kóuld?
¡Hace mucho frío!

It's going to rain.
Ets góing tu réin.
Va a llover.

What terrible weather!
Juat térribol uéder!
¡Qué clima tan desagradable!

Palabras, palabras, palabras
Words, words, words

airoso windy *uíndi*	mal tiempo bad weather *bad uéder*	soleado sunny *sáni*
buen tiempo nice weather *náis uéder*	neblinoso foggy *fógui*	sol radiante sunshine *sánsháin*
glacial freezing *frízing*	niebla fog *fog*	templado mild *máild*
granizo hail *jéil*	nieve snow *snóu*	tormenta storm *storm*
lluvia rain *réin*	nube cloud *kláud*	tormentoso stormy *stórmi*
lluvioso rainy *réini*	nublado cloudy *kláudi*	viento wind *uínd*

Droguería *Drusgtore*

A —Can I have some shaving foam?
Kan ái jav som shéiving fóum?
¿Me puede dar una espuma para rasurar?

B —Menthol?
Ménzdol?
¿Mentolada?

A —Yes, please.
Iés, plís.
Sí, por favor.

B —Anything else?
Énizding els?
¿Algo más?

A —Yes, some razor blades.
Iés, som réisor bléids.
Sí, unas navajas de afeitar.

~~~~~~~~

A —Excuse me. Do you have thermometers?
Ekskiús mi. Du yu jav zdermómeters?
Disculpe, ¿tiene termómetros?

B —Yes, you will find them on the second aisle.
Iés, yu uíl fáind zdem on zda sékond áil.
Sí, los encontrará en el segundo pasillo.

Encontrará
You will find

anaqueles	medicinas	pasillos
shelves	medicines	aisles
shelvs	*médisins*	*áils*
artículos de tocador	mercancía	
toilettries	merchandise	
tóiletris	*mérchandáis*	
caja	mostrador	
cashier	counter	
kashíer	*káunter*	

Expresiones cotidianas
Everyday language

Where can I find —?
Juér kan ái fáind —?
¿Dónde puedo encontrar —?

Do you have —?
Du yu jav —?
¿Tiene —?

We're out of —.
Uír áut of —.
No tenemos —.

Palabras, palabras, palabras
Words, words, words

alcohol
alcohol
álkojol

algodón
cotton
káten

analgésicos
analgesics
analyésiks

antiácidos
antacids
antásids

aspirinas
aspirins
áspirins

cepillo
brush
brash

cepillo de dientes
toothbrush
túzdbrash

colorete
rouge
rush

crema de afeitar
shaving cream
shéiving krím

crema para las manos
hand lotion
jand lóushon

delineador
eye liner
ái láiner

desodorante
deodorant
diódorant

gotas para la nariz
nose drops
nóus drops

gotas para los ojos
eye drops
ái drops

jabones
soaps
sóups

laca para el pelo
hair spray
jer spréi

lapiz labial
lipstick
lépstek

laxantes
laxatives
láksativs

lima de uñas
nail file
néil fáil

loción para después
   de rasurarse
after shave lotion
áfter shéiv lóushon

pasta de dientes
toothpaste
túzdpéist

peine
comb
kóumb

píldoras
pills
píls

pomadas
ointments
óintments

talco
powder
páuder

tijeras de uñas
nail scissors
néil sésors

toallas sanitarias
sanitary napkins
sánitari nápkens

venda
gauze
gos

vitaminas
vitamins
váitamins

Farmacia

Pharmacy

Diálogos modelos
Model dialogues

A —Can you fill this prescription?
Kan yu fel zdes preskrípshon?
¿Me puede surtir esta receta?

B —Yes, it will take about half an hour.
Iés, et uíl téik abáut jaf an áuer.
Sí, tardará aproximadamente media hora.

A —Do you have —?
Du yu jav —?
¿Tiene —?

B —You need a prescription.
Yu nid a preskrípshon.
Necesita receta médica.

A —I know. Here it is.
Ái nóu. Jíer et es.
Lo sé. Aquí la tiene.

Verbos relacionados
Related verbs

esperar	pedir	surtir (una receta)
wait	ask for	fill
uéit	*ask for*	*fel*
necesitar	recetar	tener
need	prescribe	have
nid	*priskráib*	*jav*
pagar	saber	
pay	know	
péi	*nóu*	

Palabras, palabras, palabras
Words, words, words

antibiótico	receta	vitaminas
antibiotic	prescription	vitamins
antibaiótik	*preskrípshon*	*váitamins*
jeringa desechable	sedante	
disposable syringe	sedative	
dispósabol sérinch	*sédativ*	
químico	tranquilizante	
chemist	tranquilizer	
kémist	*trankuiláiser*	

Ferretería   *Hardware store*

Diálogos modelo
Model dialogues

A —Excuse me, where can I get a screwdriver?
Ekskiús mi, juér kan ái guét a skrúdráiver?
Perdón, ¿dónde puedo comprar un desarmador?

B —At the hardware store.
At zda járduer stor.
En una ferretería.

A —Is there one near here?
Es zder uán níer jíer?
¿Hay alguna cerca de aquí?

B —Yes, there is one next to the laundry.
Iés, zder es uán nekst tu zda lóndri.
Sí, hay una junto a la lavandería.

A —Thank you.
Zdenk yu.
Gracias.

A —I want a screwdriver, please.
Ái uánt a skrúdráiver, plís.
Quiero un desarmador, por favor.

B —What size?
Juát sáis?
¿De qué medida?

A —Regular, 5/16.
Réguiular, fáiv sekstínzd.
De 5/16.

Encontrará
You will find

barniz
varnish
várnish

brocha
brush
brash

cinta de aislar
electrical tape
eléktrikal téip

cinta para medir
tape measure
téip méshur

clavos
nails
néils

desarmador
screwdriver
skrúdráiver

estuche
case
kéis

herramientas
tools
tuls

lámpara
flashlight
fláshláit

lija
sandpaper
sándpéiper

llave
wrench
rench

martillo
hammer
jámer

pegamento
glue
glu

pintura
paint
péint

pinzas
pliers
pláiers

sierra
saw
sóu

taladro
drill
drel

tijeras
scissors
sésors

tornillos
screws
skrus

tuerca
nut
not

Verbos relacionados
Related verbs

atornillar	lijar	reparar
screw on	sand	repair
skru on	*sand*	*ripér*
clavar	martillar	serruchar
nail	hammer	saw
néil	*jámer*	*sóu*
cortar	pegar	
cut	paste, glue, cement	
kat	*péist, glu, semént*	
enrollar	pintar	
roll up	paint	
rol ap	*péint*	

Expresiones cotidianas
Everyday language

Do you have —?
Du yu jav —?
¿Tiene —?

How does it work?
Jáu dos et uérk?
¿Cómo funciona?

I want a larger one.
Ái uánt a láryer uán.
Quiero uno más grande.

Does it have any instructions?
Dos et jav éni instrókshons?
¿Tiene instrucciones?

Can I see that one?
Kan ái si zdad uán?
¿Puedo ver ese otro?

Juguetería   *Toy shop*

A —I want a toy for a small boy.
Ái uánt a tói for a smol bói.
Quiero un juguete para un niño pequeño.

B —How old is he?
Jáu óuld es ji?
¿Cuántos años tiene?

A —Three years old.
Zdrí yíers óuld.
Tres años.

B —How about a puzzle?
Jáu abáut a pózel?
¿Qué le parece un rompecabezas?

A —Let me see it.
Let mi si et.
¿Me lo puede enseñar?

A —How much is that bicycle?
Jáu moch es zdad báisikol?
¿Cuánto cuesta esa bicicleta?

B — 100 dollars.
Uán jándred dólars.
100 dólares.

A —I can't afford that much.
Ái kant afórd zdad moch.
No puedo pagar tanto.

Necesitará saber
You will need to know

Can I see —?
Kan ái si —?
¿Puedo ver —?

My children want —.
Mái chéldren uánt —.
Mis hijos quieren —.

Let me see that one.
Let mi si zdad uán.
Permítame ver ése.

Do you have it in another color?
Du yu jav et en anózder kólor?
¿Lo tiene en otro color?

I would like something cheaper.
Ái uúd láik sómzding chíper.
Me gustaría algo más barato.

Verbos relacionados
Related verbs

andar en bicicleta/motocicleta ride *ráid*	esconder hide *jáid*	pegar glue, paste, stick on *glú, péist, stek on*
armar put together *put tuguéder*	guardar put away *put auéi*	recortar cut *kat*
correr run *ron*	jugar play *pléi*	regalar give *guév*
disfrutar enjoy *enyói*	manejar drive *dráiv*	ver see *si*
envolver wrap *rap*	patinar skate *skéit*	vestir dress *dres*

Expresiones cotidianas
Everyday language

This is lovely!
Zdes es lóvli!
¡Es precioso!

My child is four.
Mái cháild es for.
Mi hijo tiene cuatro años.

He loves toy cars.
Ji lovs tói kars.
Le gustan mucho los autos de juguete.

I'll take this one.
Áil téik zdes uán.
Me llevo éste.

Palabras, palabras, palabras
Words, words, words

auto
car
kar

auto para armar
model car
módel kar

autopista
race track
réis trak

avión
airplane
érpléin

bicicleta
bicycle
báisikol

camión
truck
trak

canicas
marbles
márbols

casa de muñecas
doll's house
dals jáus

espada
spade
spéid

juguete de peluche
stuffed animal
stafd ánimal

motocicleta
motorcycle
mótorsáikol

muñeca
doll
dal

nave espacial
spaceship
spéiship

patines
skates
skéits

pelota
ball
bol

robot
robot
róbot

rompecabezas
puzzle
pózel

soldado
soldier
sóldier

tambor
drum
drom

Mercado o tienda de abarrotes

Market or grocery store

Diálogo modelo
Model dialogue

A —Can I help you?
    Kan ái jelp yu?
    ¿Le puedo ayudar en algo?

B —Do you have any fresh vegetables?
    Du yu jav éni fresh véchtabols?
    ¿Tiene verduras frescas?

A —Yes, madam, what would you like?
    Iés, mádam, juát uúd yu láik?
    Sí, señora. ¿Qué va a llevar?

B —I want a pound of tomatoes, four onions and an avocado, please.
    Ái uánt a páund of toméirous, for ónions and an avokádóu, plís.
    Deme una libra de jitomates, cuatro cebollas y un aguacate, por favor.

A —Here you are. Anything else?
  Jíer yu ar. Énizding els?
  Aquí tiene. ¿Algo más?

B —No, thanks. That will be all.
  Nóu, zdanks. Zdad uíl be ol.
  No, gracias. Eso es todo.

Necesitará saber
You will need to know

Give me —.
Guév mi —.
Deme —.

How much is it?
Jáu moch es et?
¿Cuánto es?

Where can I find —?
Juér kan ái fáind —?
¿Dónde puedo encontrar —?

Encontrará
You will find

abarrotes	cajero	fruta
groceries	cashier	fruit
gróseris	*kashíer*	*frut*
bolsa	carnes frías	huevos
bag	cold cuts	eggs
bag	*kóuld kats*	*egs*
botella	carnes y aves	latas
bottle	meat & poultry	cans
bótel	*mit and póltri*	*kans*
caja	cereal	leche
box	cereal	milk
boks	*sírial*	*mélk*

paquete
package
pákach

quesos
cheese
chís

tarro
jar
yar

vegetales, verduras
vegetables
véchtabols

vinos
wines
uáins

**Weights &
measures**
Pesos y medidas

docena
dozen
dóuzen

libra
pound
páund

onza
ounce
áuns

pinta
pint
páint

Verbos relacionados
Related verbs

cargar
carry
kárri

comprar
buy
bái

empacar
pack
pak

escoger
choose, select
chus, selékt

llevar
take
téik

pagar
pay
péi

pedir
ask for
ask for

pesar
weigh
uéi

tomar
take
téik

Palabras, palabras, palabras
Words, words, words

aguacate
avocado
avokádóu

ajo
garlic
gárlik

alcachofa
artichoke
árichouk

almendra
almond
álmond

apio
celery
séleri

arroz
rice
ráis

avellana
hazelnut
jéiselnat

avena
oat
óut

berenjena
egg plant
eg plant

cacahuates
peanuts
pínats

calabacín
squash
skuásh

calabaza
pumpkin
pámpkin

camote
sweet potato
suít potéirou

castaña
chestnut
chésnat

cebada
barley
bárli

cebolla
onion
ónion

centeno
rye
rái

cereza
cherry
chérri

ciruela
plum
plam

ciruela pasa
prune
prún

coco
coconut
kókonot

col
cabbage
kábach

coliflor
cauliflower
kálifláuer

chícharos
peas
pis

durazno
peach
pich

ejotes
green beans
grin bins

espinaca
spinach
spénach

fresa
strawberry
stróberri

frijoles
beans
bins

jitomate
tomato
toméirou

lechuga
lettuce
léros

limón
lemon
lémon

maíz
corn
korn

manzana
apple
ápol

melón
cantaloupe
kánelup

naranja
orange
óranch

nuez
nut, walnut
not, uólnot

nuez de la India
cashew nut
káshu not

papa
potato
potéirou

pepino
cucumber
kiukámber

pera
pear
per

piña
pineapple
páinápol

pistache
pistachio
pistákio

rábano
radish
rádish

sandía
watermelon
uárermélon

tomate
tomato
toméirou

toronja
grapefruit
gréipfrut

trigo
wheat
juít

uvas
grapes
gréips

zanahoria
carrot
kárrot

zarzamora
blackberry
blákberri

Papelería

Office supplies

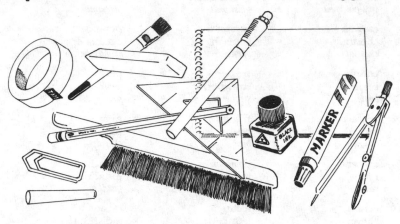

<table>
<tr><td colspan="2">

Encontrará
You will find
</td></tr>
</table>

block	crayones	lápices de colores
writing pad	crayons	colored pencils
ráiting pad	*kréions*	*kólord pénsels*
bolígrafo	cuaderno	lápiz
ball-point pen	notebook	pencil
bólpóint pen	*nóutbuk*	*pénsel*
calculadora	diccionario	libreta de apuntes
calculator	dictionary	notebook
kálkiuléitor	*dékshonari*	*nóutbuk*
calendario	engrapadora	mapa
calendar	stapler	map
kálendar	*stéipler*	*map*
carpeta	goma	mochila
folder	eraser	bag
fóulder	*iréiser*	*bag*
cartoncillo	grapas	papel
cardboard	staples	paper
kárbord	*stéipols*	*péiper*
clip	lámpara para escritorio	papel carbón
clip	desk lamp	carbon
klep	*desk lamp*	*kárbon*

papel para máquina	portafolios	tarjetas
typewriting paper	briefcase	cards
táipráiting péiper	*brifkéis*	*kards*
pluma fuente	regla	
fountain pen	ruler	
fáunten pen	*rúler*	
plumones	sacapuntas	
markers	pencil sharpener	
márkers	*pénsel shárpener*	

Verbos relacionados
Related verbs

archivar	cortar	leer
file	cut	read
fáil	*kat*	*rid*
borrar	dibujar	pintar
erase	draw	paint
iréis	*dro*	*péint*
buscar información	dividir	poner
look up	divide	put
luk ap	*diváid*	*put*
contar	escribir	usar
count	write	use
káunt	*ráit*	*iús*
corregir	escribir a máquina	
correct	type	
korrékt	*táip*	

Supermercado   *Supermarket*

Diálogos modelo
Model dialogues

A —Where can I find babys' diapers?
   Juér kan ái fáind béibis dáipers?
   ¿Dónde puedo encontrar pañales para bebé?

B —Second aisle on your left, next to the toys.
   Sékond áil on yur left, nekst tu zda tóis.
   En el segundo pasillo a su izquierda, junto a los juguetes.

~~~~~~~~

A —May I have half a pound of ham, please?
   Méi ái jav jaf a páund of jam, plís?
   ¿Me puede dar media onza de jamón, por favor?

B —Here you are.
   Jíer yu ar.
   Aquí tiene.

~~~~~~~~

A —Excuse me, where are the tools?
Ekskiús mi, juér ar zda tuls?
Disculpe. ¿En dónde se encuentran las herramientas?

B —In the basement.
En zda béisment.
En el sótano.

Encontrará
You will find

abarrotes
groceries
gróseris

accesorios para la
 cocina
kitchen accesories
kétchen aksésoris

alimentos congelados
frozen food
fróuzen ful

artículos de belleza
beauty accesories
biuri aksésoris

artículos para bebé
articles for babies
árikols for béibis

artículos para el
 hogar
household articles
jáusjóuld árikols

bolsas
bags
bags

cajas (para pagar)
cash registers
kash réyisters

carnes y aves
meat & poultry
mit and póltri

carros (rodantes)
carts
karts

cigarros
cigarettes
sigarrets

dulces
candies
kándis

ferretería
hardware
járduer

fruta
fruit
frut

galletas
cookies
kúkis

herramientas
tools
tuls

jabones
soaps
sóups

lácteos
milk products
mélk pródokts

libros
books
buks

pan
bread
bred

papelería
stationery
stéishoneri

pescados y mariscos
fish and seafood
fesh and síful

refrescos
soft drinks
soft drénks

salchichonería
delicatessen
delikatésen

verduras
vegetables
véchtabols

vinos y licores
wines and liquor
uáins and líker

buscar	empujar	pesar
look for	push	weigh
luk for	*push*	*uéi*
cargar	llevar	seleccionar
carry	take	select
kárri	*téik*	*selékt*
comprar	pagar	
buy	pay	
bái	*péi*	

Expresiones cotidianas
Everyday language

I need some vegetables.
Ái nid som véchtabols.
Necesito comprar verduras.

Let's go to the supermarket.
Lets góu tu zda súpermárket.
Vamos al supermercado.

I don't have enough change.
Ái dóunt jav inóf chéinch.
No tengo suficiente cambio.

I'll come back tomorrow.
Áil kom bak tumárrou.
Regresaré mañana.

I forgot to buy —.
Ái forgót tu bái —.
Se me olvidó comprar —.

Tabaquería   *Tobacconist*

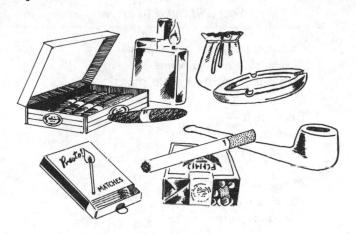

Diálogo modelo
Model dialogue

A —Can you give me — cigarettes, please?
Kan yu guév mi — sígarrets, plís?
Por favor deme unos cigarrillos —.

B —Anything else?
Énizding els?
¿Se le ofrece algo más?

A —A lighter, please.
A láirer, plís.
Un encendedor, por favor.

B —Which do you prefer?
Juích du yu prifér?
¿Cuál prefiere?

A —A cheap one.
A chíp uán.
Uno barato.

Necesitará saber
You will need to know

Can you show me some pipes?
Kan yu shóu mi som páips?
¿Me puede mostrar unas pipas?

Give me a —.
Guév mi a —.
Deme un —.

Please show me —.
Plís shóu mi —.
Por favor, muéstreme —.

Encontrará
You will find

bolsas de tabaco	cerillos	pipas
bags of tobacco	matches	pipes
bags of tobákou	*mátches*	*páips*
cajas de puros	cigarrillos	puros
boxes of cigars	cigarettes	cigars
bókses of sigárs	*sígarrets*	*sigárs*
ceniceros	encendedores	tabaco
ashtrays	lighters	tobacco
áshtréis	*láirers*	*tobákou*

Verbos relacionados
Related verbs

acabar	encender	pedir
finish	light	ask for
fénesh	*láit*	*ask for*
apagar	fumar	
extinguish	smoke	
ekstíngüish	*smóuk*	
dar	mostrar	
give	show	
guév	*shóu*	

Tienda de departamentos   *Department store*

Diálogos modelo
Model dialogues

A —What can I do for you?
Juát kan ái du for yu?
¿En qué lo puedo ayudar?

B —I would like to look at some towels.
Ái uúd láik tu luk at som táuels.
Me gustaría ver algunas toallas.

A —Bath or hand towels?
Bazd or jand táuels?
¿Toallas de baño o de manos?

B —Both.
Bóuzd.
De las dos.

A —What color?
Juát kólor?
¿De qué color?

B —Light blue.
Láit blu.
Azul claro.

A —How about these?
Jáu abáut zdis?
¿Qué le parecen éstas?

B —I would like something larger.
Ái uúd láik sómzding láryer.
Me gustarían más grandes.

A —Would these be OK?
Uúd zdis bi óukéi?
¿Estarán bien éstas?

B —Fine. I like them. How much are they?
Fáin. Ái láik zdem. Jáu moch ar zdéi?
Está bien, me gustan. ¿Cuánto cuestan?

A —$ —. Are you going to pay in cash or charge it?
Ar yu góing tu péi en kash or charch et?
$ —. ¿Lo va a pagar de contado o a su cuenta?

B —Charge it to my credit card, please.
Charch et tu mái krédit kard, plís.
Cárguelo a mi tarjeta de crédito.

Necesitará saber
You will need to know

Do you have a larger size?
Du yu jav a láryer sáis?
¿Tiene una talla más grande?

What size do you need?
Juát sáis du yu nid?
¿Qué talla necesita?

I don't like this color.
Ái dóunt láik zdes kólor.
No me gusta este color.

It's too tight.
Ets tu táit.
Me queda muy apretado.

I want to change —.
Ái uánt tu chéinch —.
Quiero cambiar —.

Where is the men's department?
Juér es zda mens dipártment?
¿Dónde está el departamento de caballeros?

Do you sell —?
Du yu sel —?
¿Venden —?

I want to see —.
Ái uánt tu si —.
Quiero ver —.

We have — on sale.
Uí jav — on séil.
Tenemos barata de —.

Can you pack it?
Kan yu pak et?
¿Pueden empacarlo?

Where can I get a shopping bag?
Juér kan ái guét a shóping bag?
¿Dónde hay bolsas grandes?

Furniture is on the third floor.
Férnichur es on zda zderd flor.
Los muebles están en el tercer piso.

Letreros
Signs

BREAK IN CASE OF FIRE

(rompa en caso de incendio)

ELEVATORS

(elevadores)

CASHIER

(caja)

PARKING

(estacionamiento)

EMERGENCY EXIT

(salida de emergencia)

SCALATOR

(escalera eléctrica)

EMPLOYEES ONLY

(empleados solamente)

Encontrará
You will find

accesorios de cocina
kitchen accesories
kétchen aksésoris

alfombras
carpets
kárpets

algodón
cotton
káten

aparatos domésticos
household appliances
jáusjóuld apláianses

artículos eléctricos
electric appliances
eléktrik apláianses

artículos para el hogar
household articles
jáusjóuld árikols

blusas
blouses
bláuses

bolsas de mano
handbags
jándbags

calcetines
socks
saks

calzoncillos
briefs, jockey shorts
brifs, yóki shorts

camisas
shirts
sherts

camisetas
T-shirts
tísherts

cinturones
belts
belts

corbatas
ties
táis

cortinas
curtains
kértens

cosméticos
cosmetics
kosmériks

chamarras
jackets
yákets

joyería
jewelry
yúelri

juguetes
toys
tóis

faldas
skirts
skerts

lencería
linens
línens

libros
books
buks

literas
bunks
bonks

muebles
furniture
férnichur

pantalones
slacks
slaks

perfumería
perfumes
pérfiums

relojes
clocks
kloks

relojes de pulsera
watches
uátches

ropa de hombre
men's clothes
mens klóuzds

ropa de mujer
women's clothes
uímens klóuzds

ropa de niñas
girls' clothes
guérls klóuzds

ropa de niños
boys clothes
bóis klóuzds

sandalias
sandals
sándals

tejidos
knits
nets

telas
fabrics
fábriks

toallas
towels
táuels

vestidos
dresses
dréses

zapatos
shoes
shus

Verbos relacionados
Related verbs

cambiar	escoger	preguntar
change	choose	ask
chéinch	*chus*	*ask*
comprar	hacer juego	probar
buy	match	try on
bái	*match*	*trái on*
devolver	pagar	ver
return	pay	look
ritérn	*péi*	*luk*

Expresiones cotidianas
Everyday language

May I help you?
Méi ái jelp yu?
¿Le puedo ayudar?

I'm just looking.
Áim yost lúking.
Sólo estoy mirando.

If you want something, my name is Pat.
If yu uánt sómzding, mái néim es Pat.
Si se le ofrece algo, mi nombre es Pat.

Palabras, palabras, palabras
Words, words, words

ahorros	color liso	descuentos
savings	solid	discounts
séivings	*sólid*	*diskáunts*
algodón y poliéster	colores variados	diseños
cotton polyester	assorted colors	designs
káten poliéster	*asórted kólors*	*disáigns*
bolsillos	de fácil cuidado	dos piezas
pockets	easy-care	two piece
pákets	*ísi ker*	*tu pis*

durable
durable
díurabol

estampado
print
prent

estilos
styles
stáils

figuras
shapes
shéips

guardarropa
wardrobe
uórdroub

lana
wool
uúl

manga corta
short sleeve
short sliv

manga larga
long sleeve
long sliv

moda
fashion
fáshon

no requiere plancharse
no iron, 'permanent
   press'
no áirron, pérmanent pres

probador
fitting room
féting rum

rayas
stripes
stráips

resistente
resistant
resístant

toalla
towel
táuel

vestido
dress
dres

Tienda de fotografía   *Camera shop*

Encontrará
You will find

álbumes para
fotografía
photo albums
fóutou álbums

baterías
batteries
báreris

cable disparador
cable release
kéibol rilís

cámaras de cine
movie cameras
múvi kámeras

cámaras de video
video cameras
vídio kámeras

cámaras fotográficas
cameras
kámeras

estuches
cases
kéises

exposímetro
exposure meter
ekspóushur míter

filtros
filters
félters

focos
flashbulbs
fláshbolbs

fundas
cases
kéises

gran angular
wide angle lens
uáid ángol lens

lentes
lenses
lénses

luces
flashlights
fláshláits

rollos blanco y negro
black and white films
blak and juáit felms

rollos de color
color films
kólor felms

telefoto
telephoto lens
telefóutou lens

Verbos relacionados
Related verbs

cargar	posar	tomar fotos
carry	pose	take pictures
kárri	*póus*	*téik pékchurs*
disparar	reparar	
shoot	repair	
shut	*ripér*	
enfocar	revelar	
focus	develop	
fókius	*divélop*	

Expresiones cotidianas
Everyday language

That's a nice camera.
Zdads a náis kámera.
Esa es una buena cámara.

Stand here.
Stand jíer.
Párate aquí.

Smile.
Smáil.
Sonríe.

Say cheese.
Séi chís.
Dí chiiis.

The film is finished.
Zda felm es féneshd.
Se terminó el rollo.

Can you take a picture of us?
Kan yu téik a pékchur of as?
¿Nos puede tomar una foto?

This picture is out of focus.
Zdes pékchur es áut of fókius.
Salió movida la foto.

Can you show me an automatic camera?
Kan yu shóu mi an óromatik kámera?
¿Me puede mostrar una cámara automática?

You look nice in this picture.
Yu luk náis en zdes pékchur.
Qué bien saliste en esta foto.

Do you develop films here?
Du yu divélop felms jíer?
¿Revelan rollos aquí?

When will my photos be ready?
Juén uíl mái fóutous bi rédi?
¿Cuándo me entregan mis fotografías?

Palabras, palabras, palabras
Words, words, words

acabado brillante	distancia	negativo
glossy finish	distance	negative
glási fénish	*déstans*	*négativ*
acabado mate	electrónica	revelado
mat finish	electronic	developing
mat fénish	*elektrónik*	*divéloping*
automática	exposiciones	velocidad
automatic	exposures	speed
óromatik	*ekspóushurs*	*spid*
carrete	luz artificial	
spool	artificial light	
spul	*artifíshal láit*	
copias	luz de día	
prints	daylight	
prents	*déiláit*	

Tienda de regalos   *Gift shop*

A —I want a nice souvenir for my wife.
Ái uánt a náis súvenir for mái uáif.
Me gustaría un bonito recuerdo para mi esposa.

B —We have these mugs. I'm sure she will like them.
Uí jav zdis mogs. Áim shur shi uíl láik zdem.
Tenemos estos tarros para café. Seguro le gustarán.

———————————

A —May I see that plate?
Méi ái si zdad pléit?
¿Puedo ver ese plato?

B —Of course. It is made of wood.
Of.kors. Et es méid of uúd.
Claro. Es de madera.

A —I like it. How much does it cost?
Ái láik et. Jáu moch dos et kost?
Me gusta. ¿Cuánto cuesta?

Necesitará saber
You will need to know

Show me —.
Shóu mi —.
Muéstreme —.

Please pack it.
Plís pak et.
Por favor, empáquelo.

Can you wrap it?
Kan yu rap et?
¿Lo puede envolver?

Do you have a box?
Du yu jav a boks?
¿Tiene una caja?

Handle with care.
Jándel uízd ker.
Llévelo con cuidado.

Encontrará
You will find

anteojos, lentes	cadenas	carteras
glasses	chains	wallets
gláses	*chéins*	*uálets*
banderines	calendarios	ceniceros
banners	calendars	ashtrays
báners	*kálendars*	*áshtréis*
bolsas	camisas	cinturones
handbags	shirts	belts
jándbags	*sherts*	*belts*
botones	campanas	cuadros
buttons	bells	paintings
bátens	*bels*	*péintings*
bufandas	canastas	cucharitas
scarves	baskets	spoons
skárvs	*báskets*	*spúns*

discos
records
rékords

manteles
tablecloths
téibolklóuzds

regalos
gifts, presents
guéfts, présents

dulces
candies
kándis

muñecas(os)
dolls
dals

reglas
rulers
rúlers

encendedores
lighters
láirers

pañuelos
handkerchieves
jándkerchívs

relojes de pulsera
watches
uátches

flores
flowers
fláuers

paraguas
umbrellas
ambrélas

revistas
magazines
mágazins

globos
baloons
balúns

platos
plates
pléits

servilletas
napkins
nápkens

gorras
caps
kaps

playeras
T-shirts
tísherts

tarjetas postales
postcards
póustkards

latas
cans
kans

plumas
pens
pens

tarros para café
mugs
mogs

llaveros
keyholders
kijóulders

pulseras
bracelets
bréislets

tazas y platos
cups and saucers
kops and sósers

Verbos relacionados
Related verbs

comprar
buy
bái

envolver
wrap
rap

regalar
give
guév

empacar
pack
pak

escoger
choose
chús

enviar
send
send

pedir
ask for
ask for

Expresiones cotidianas
Everyday language

What would you like?
Juát uúd yu láik?
¿Qué desea?

Anything else?
Énizding els?
¿Algo más?

Who's the present for?
Jus zda présent for?
¿Para quién es el regalo?

How much do you want to spend?
Jáu moch du yu uánt tu spend?
¿Cuánto quiere gastar?

We have these on sale.
Uí jav zdis on séil.
Tenemos éstos en oferta.

Zapatería   *Shoe store*

Encontrará
You will find

agujetas	sandalias	zapatos de lona
shoelaces	sandals	canvas shoes
shúléises	*sándals*	*kánvas shus*
botas	tenis	zapatos de piel
boots	tennis shoes	leather shoes
buts	*ténis shus*	*léder shus*
mocasines	zapatos de ante	zapatos de tacón
moccassins	suede shoes	high heels
mókazens	*suéid shus*	*jái jils*
pantuflas	zapatos de goma	
slippers	rubber shoes	
slépers	*rábor shus*	

Verbos relacionados
Related verbs

cambiar	pararse	probarse
change	stand up	try on
chéinch	*stand ap*	*trái on*
caminar	pedir	quedar bien
walk	ask for	fit
uók	*ask for*	*fet*

Palabras, palabras, palabras
Words, words, words

adorno
decoration
dekoréishon

ancho
wide
uáid

angosto
narrow
nárrou

cinta, correa
strap
strap

color
color
kólor

chico
small
smol

diferente
different
díferent

estilo
style
stáil

grande
large
lárch

hebilla
buckle
bókel

moño
bow
bóu

número, talla
number, size
nómber, sáis

par
pair
per

suelas
soles
sóuls

ENTRETENIMIENTOS
ENTERTAINMENT

Biblioteca   *Library*

Diálogos modelo
Model dialogues

A —Good morning. Do you have children's books in
    Spanish?
    Gud mórning. Du yu jav chéldrens buks en Spanish?
    Buenos días. ¿Tiene libros en español para niños?

B —Fiction or non fiction?
    Fékshon or non fékshon?
    ¿Ficción o no ficción?

A —Fiction. I would like some fairy tales for a seven
    year old girl.
    Fékshon. Ái uúd láik som féri téils for a séven íer óuld guérl.
    Ficción. Me gustaría un cuento de hadas para una
    niña de siete años.

113

B —You will find them at the children's section, shelf 24.
Yu uíl fáind zdem at zda chéldrens sékshon, shelf tuéni for.
Los encontrará en la sección infantil, estante 24.

A —Thanks.
Zdanks.
Gracias.

~~~~~~~~~~

A —Can I take these books home?
Kan ái téik zdis buks jóum?
¿Me puedo llevar estos libros a casa?

B —Sure. Fill in this card, please.
Shur. Fel en zdes kard, plís.
Sí, llene esta tarjeta, por favor.

Encontrará
You will find

archivo	fichas	sillas
file	cards	chairs
fáil	*kards*	*chérs*
bibliotecario,	fichero	libros sobre:
bibliotecaria	card catalogue	books on:
librarian	*kard káralog*	*buks on*
laibrérian		
	letreros	agricultura
catálogos	signs	agriculture
catalogues	*sáins*	*agrikólchur*
káralogs		
	manuales	bellas artes
diccionarios	manuals, handbooks	fine arts
dictionaries	*mániuals, jándbuks*	*fáin arts*
dékshonaris		
	mesas	ciencias aplicadas
enciclopedias	tables	applied sciences, soft
encyclopedias	*téibols*	sciences
ensaiklopídias		*apláid sáienses, soft*
	periódicos	*sáienses*
escritorio	newspapers	
desk	*niúspéipers*	ciencias puras
desk		hard sciences
	revistas	*jard sáienses*
estantes	magazines	
shelves	*mágazins*	
shelvs		

computación
computer science
kompíurer sáiens

cuidado de la salud
health care
jelzd ker

deportes
sports
sports

derecho
law
lo

filosofía
philosophy
filósofi

historia
history
jístori

literatura
literature
líterchur

literatura infantil
children's books
chéldrens buks

medicina
medicine
médisin

religión/teología
religion/theology
relíyon/zdióloyi

tecnología
technology
teknóloyi

Verbos relacionados
Related verbs

abrir
open
óupen

buscar
search
serch

buscar información
(en un libro)
look up
luk ap

cerrar
close
klóus

copiar
copy
kópi

cuidar
take care
téik ker

devolver
return
ritérn

encontrar
find
fáind

escribir
write
ráit

firmar
sign
sáin

leer
read
rid

llenar (tarjeta)
fill in, fill out
fel en, fel áut

organizar
organize
órganáis

pedir
ask for
ask for

prestar
lend
lend

resumir
summarize
sámaráis

Palabras, palabras, palabras
Words, words, words

antología
anthology
anzdóloyi

autor
author
ózdor

credencial
credential
kredénshal

dato
data
déira

edición
edition
edíshon

editorial
publishing company
páblishing kómpani

ejemplar
copy
kópi

fecha
date
déit

fecha de impresión
printing date
prénting déit

firma
signature
sígnachur

investigación
research
risérch

lector
reader
ríder

lectura
reading
ríding

lugar
place
pléis

multa
fine
fáin

nombre
name
néim

número
number
nómber

número de orden
number of order
nómber of órder

observaciones
remarks
rimárks

orden alfabético
alphabetical order
alfabérikal órder

página
page
péich

préstamo
loan
lóun

referencia
reference
réferens

registro
register
réyister

síntesis
synthesis
sínzdeses

sistema
system
séstem

tamaño
size
sáis

tarjeta de lector
reader's card
ríders kard

tiempo
time
táim

título
title
táitel

volumen
volume
vólium

Cine   *Movies*

> ## Model dialogues
> ## *Diálogos modelo*

A —Would you like to go to the movies?
Uúd yu laik tu góu tu zda múvis?
¿Te gustaría ir al cine?

B —Sure. What time?
Shur. Juát táim?
Por supucsto, ¿a qué hora?

A —How about right now?
Jáu abáut ráit náu?
¿Qué te parece ahora mismo?

B —OK!
Óu kéi!
¡Está bien!

A —Two tickets for this performance, please.
Tu tíkets for zdes perfórmans, plís.
Dos boletos para esta función, por favor.

B —Here you are.
Jíer yu ar.
Aquí tiene.

A —What time does it begin?
Juát táim dos et biguín?
¿A qué hora empieza?

B —In twenty minutes.
En tuéni mínets.
En veinte minutos.

A —Thanks.
Zdanks.
Gracias.

A —Did you like the picture?
Ded yu láik zda pékchur?
¿Te gustó la película?

B —Yes, it was very funny. I enjoyed it. Didn't you?
Iés, et uós véri fáni. Ái enyóid et. Dédent yu?
Sí, estuvo muy divertida. Me gustó mucho, ¿y a ti?

A —Yes... I liked the actress!
Iés... Ái láikt zdi áktres!
Sí.... ¡me gustó mucho la actriz!

| **Necesitará saber** |
| *You will need to know* |

Two bags/boxes of popcorn and two soft drinks.
Tu bags/bókses of pápkorn and tu soft drénks.
Dos bolsas/cajas de palomitas y dos refrescos.

I liked the picture.
Ái láikt zda pékchur.
Me gustó la película.

May I have an icecream?
Méi ái jav an áiskrim?
¿Me puede dar un helado?

The show is over.
Zda shóu es óuver.
Terminó la función.

I love this actor.
Ái lov zdes áktor.
Me encanta este actor.

It was very interesting.
Et uós véri íntresting.
Estuvo muy interesante.

I think it was too long.
Ái zdenk et uós tu long.
Me pareció muy larga.

The photography is excellent.
Zda foutógrafi es ékselent.
La fotografía es excelente.

Encontrará
You will find

butacas	marquesina	proyector
seats	marquee	projector
sits	*markí*	*proyéktor*
carteles	palomitas de maíz	público
posters	popcorn	audience
póusters	*pápkorn*	*ódiens*
cortinas, telón	pantalla	rollos de película
curtains	screen	rolls of film
kértens	*skrín*	*rols of felm*
exhibición	proyección	sonido
show	projection	sound
shóu	*proyékshon*	*sáund*

taquilla	tienda de dulces	vestíbulo
ticket office	candy shop	lobby, hall
tíket ófis	*kándi shop*	*lóbi, jol*

Verbos relacionados
Related verbs

aburrir	divertir	llorar
bore	amuse	cry
bor	*amiús*	*krái*

actuar	filmar	reír
act	film	laugh
akt	*felm*	*laf*

disfrutar	gustar	ver
enjoy	like	see
enyói	*láik*	*si*

disgustar	ir
dislike	go
disláik	*góu*

Conciertos   *Concerts*

> ### Diálogos modelo
> ### *Model dialogues*

A —There's a pop concert at the park tomorrow. Shall
we go?
Zders a pap kónsert at zda park tumárrou. Shal uí góu?
Hay un concierto pop mañana en el parque. ¿Vamos?

B —What time is it?
Juát táim es el?
¿A qué hora es?

A —At 8 p.m.
At éit pí ém.
A las ocho de la noche.

B —OK, let's go. Why don't we ask Susan to come with
us? I'm sure she would love to.
Óu kéi, lets góu. Juái dóunt uí ask Súsan tu kom uízd as?
Áim shur shi uúd lov tu.
Bueno, vamos. ¿Por qué no invitamos a Susan? Le va
a encantar.

A —Alright. I'll pick you up at 7. Don't forget to bring your tape recorder.
Ólráit. Áil pek yu ap at séven. Dóunt forguét tu breng yur téip rikórder.
Está bien. Paso por ustedes a las 7. No olviden llevar su grabadora.

~~~~~~~~~~~

A —Do you have seats for the symphony orchestra next Wednesday?
Du yu jav sits for zda sínfoni órkestra nekst uénsdei?
¿Hay boletos para el concierto de la orquesta sinfónica el próximo miércoles?

B —Yes, we have some left on the first floor, rows 15 and 17.
Iés, uí jav som left on zda ferst flor, róus feftín and seventín.
Sí, quedan algunos en el primer piso, filas 15 y 17.

A —Please give me three tickets for row 15.
Plís guév mi zdrí tíkets for róu feftín.
Por favor, deme tres boletos para la fila 15.

Encontrará
You will find

acordeón	batería	corneta
accordeon	drums	buggle, French horn
akórdion	*droms*	*bóguel, french jorn*
arpa	bongós	corno
harp	bongos, bongoes	English horn
jarp	*bángous*	*ínglish jorn*
bailarín, bailarina	cantante	coro
dancer	singer	chorus, choir
dánser	*sénguer*	*kórus/kuáier*
bajo	clarinete	director (de orquesta)
bass	clarinet	conductor
bas	*klárinet*	*kondóktor*
banjo	contrabajo	fagot
banjo	counterbass	basoon
bányo	*káunterbas*	*basún*

flauta
flute
flut

partitura
musical score, score
miúsikal skor, skor

tambor
drum
drom

flautín
piccolo
píkolo

piano
piano
pianóu

trombón
trombone
tróumboun

guitarra
guitar
guitár

platillos
cymbals
símbals

trompeta
trumpet
trómpet

micrófono
microphone
máikrofóun

saxofón
saxophone, sax
sáksofóun, saks

tuba
tuba
tiúba

músicos
musicians
miusíshans

teclado
keyboard
kíbord

viola
viola
vaíola

oboe
oboe
óboe

timbal
kettle drum
kétel drom

violín
violin
váiolin

órgano
organ
órgan

triángulo
triangle
traiánguel

xilófono
xylophone
jílofóun

pandero
tambourine
támborin

Verbos relacionados
Related verbs

aclamar
cheer
chíer

dirigir
conduct
kondókt

presentar
present
prisént

aplaudir
applaud
aplód

escuchar
listen to
lésen tu

sentarse
sit down
set dáun

cantar
sing
seng

gritar
yell, scream
yel, skrim

tocar
play
pléi

componer
compose
kompóus

interpretar
perform, play
perfórm, pléi

Palabras, palabras, palabras
Words, words, words

amplificador
amplifier
ámplifáier

asiento, butaca
seat
sit

boleto
ticket
tíket

composición
composition
komposíshon

compositor
composer
kompóuser

concierto
concert
kónsert

fila
row
róu

grabadora
tape recorder
téip rikórder

instrumento
instrument
ínstrument

instrumentos de
  cuerdas
string instruments
streng ínstruments

instrumentos de
  viento
wind instruments
uénd ínstruments

interpretación
performance
perfórmans

música
music
miúsik

nota musical
musical character
miúsikal kárakter

palco
box
boks

partitura
score
skor

piso (primero,
  segundo, etc.)
floor (first, second, etc.)
flor (ferst, sékond, etc.)

precio de boleto
admission fee
admíshon fi

telón
curtain
kérten

Deportes   *Sports*

Diálogos modelo
Model dialogues

A —Let's go to the baseball game.
   Léts góu tu zda béisbol guéim.
   Vamos al béisbol.

B —OK. What time does it start?
   Óu kéi. Juát táim dos et start?
   Está bien, ¿a qué hora empieza?

A —At 7. Shall I pick you up at 6?
   At séven. Shal ái pek yu ap at seks?
   A las 7. ¿Paso por ti a las 6?

B —That will be fine.
   Zdad uíl bi fáin.
   Está bien.

A —Excuse me, where is the ticket office?
   Ekskiús mi, juér es zda tíket ófis?
   Disculpe, ¿dónde está la taquilla?

B —There is one next to each gate.
Zder es uán nekst tu ich guéit.
Hay una junto a cada entrada.

~~~~~~~~~~~~

A —Excuse me, where is row T?
Ekskiús mi, juér es róu tí?
Disculpe, ¿en dónde se encuentra la fila T?

B —Upstairs, to your right.
Ápsters, tu yur ráit.
Arriba, a la derecha.

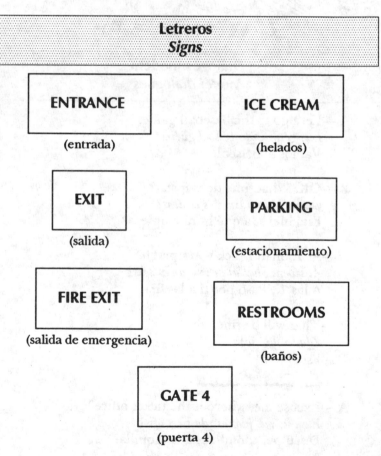

Letreros
Signs

ENTRANCE
(entrada)

ICE CREAM
(helados)

EXIT
(salida)

PARKING
(estacionamiento)

FIRE EXIT
(salida de emergencia)

RESTROOMS
(baños)

GATE 4
(puerta 4)

SNACK BAR

(fuente de sodas)

STAIRS

(escaleras)

SODAS

(refrescos)

TICKET OFFICE

(taquilla)

Encontrará
You will find

asientos	comida	gradas
seats	food	grades
sits	*fud*	*gréids*
bebidas	equipos	jugadores
drinks	teams	players
drénks	*tíms*	*pléiers*
boleto	estadio, parque	
ticket	stadium, park	
tíket	*stédium, park*	

GATE: E UPPER (puerta E, arriba)	*SECTION 35 UPSTAIRS* (sección 35, parte alta)
ROW T or BOX (fila T, o palco)	*SEAT 5* (asiento 5)
LOCALITY 63 UPSTAIRS (localidad 63, parte alta)	

Deportes
Sports

baloncesto
basketball
básketbol

balonmano
handball
jándbol

beisbol
baseball
béisbol

billar
billiards
bíliards

box
boxing
bóksing

carrera de autos
car racing, auto racing
kar réising, óto réising

carrera de caballos
horse racing
jors réising

carrera de galgos
greyhound racing
gréijáund réising

carrera de motocicletas
motorcycle racing
mótorsáikol réising

ciclismo
cycling
sáikling

clavados
diving
dáiving

esquí
skiing
skiing

futbol
soccer
sáker

futbol americano
football
fútbol

gimnasia
gymnastics
yimnástiks

golf
golf
golf

hockey
hockey
jáki

natación
swimming
suíming

patinaje
skating
skéiting

patinaje sobre hielo
ice skating
áis skéiting

pesca
fishing
féshing

pista y campo
track and field
trak and fíld

polo
polo
pólo

polo acuático
waterpolo
uárerpolo

punta cesta
jai alai
jái alái

salto a caballo
horse jumping
jors yómping

softbol
softball
sóftbol

tenis
tennis
ténis

tenis de mesa
table tennis
téibol ténis

voleibol
volleyball
vólibol

Verbos relacionados
Related verbs

arbitrar
referee
referí

atajar
tackle
tákol

botar (pelota)
bounce
háuns

caer
fall
fol

clavarse
dive
dáiv

correr
run
ron

desmayarse
faint
féint

echar porras
cheer
chíer

empatar
draw
dró

esquiar
ski
skí

ganar
win
uín

gritar
shout
sháut

ir
go
góu

jugar
play
pléi

lastimar
hurt
jért

llegar
get
guét

marcar, anotar
score
skor

montar (bicicleta, caballo)
ride
ráid

nadar
swim
suím

observar
watch
uátch

pararse
stand
stand

pasar
pass
pas

patear
kick
kík

patinar
skate
skéit

pegar, golpear
hit
jet

pelear
fight
fáit

perder
lose
lus

ponchar
strike out
stráik áut

robar (base)
steal (base)
stíl (base)

sentarse
sit down
set dáun

sudar
sweat
suét

tirar
throw
zdróu

ver
see
si

Expresiones cotidianas
Everyday language

What time does the game start?
Juát táim dos zda guéim start?
¿A qué hora comienza el juego?

Who's playing?
Jus pléing?
¿Quién juega?

What's the score?
Juáts zda skor?
¿Cuál es el marcador?

Who's winning?
Jus uíning?
¿Quién va ganando?

When are they playing?
Juén ar zdéi pléing?
¿Cuándo van a jugar?

When are the playoffs?
Juén ar zda pléiofs?
¿Cuándo son las semifinales?

Who is your favorite?
Ju es yur féivrit?
¿A quién le vas?

Palabras, palabras, palabras
Words, words, words

Beisbol
Baseball

árbitro
umpire
ámpaier

a salvo
safe
séif

bate
bat
bat

bateador
batter
bárer

bola buena
strike
stráik

bola en juego
fair ball
fer bol

camisa de manga corta
short sleeved shirt
short slivd shert

campo de beisbol
baseball field
béisbol fild

carrera
run
ron

cobertizo de espera
dugout
dógaut

coderas
elbow pads
élbou pads

entrenador
coach
kóuch

equipo (artículos)
equipment
ekuípment

equipo (jugadores)
team
tim

errores
errors
érrors

estadio
stadium
stéidium

falta
foul
fául

fuera
out
áut

jit, golpe
hit
jet

gorra
cap
kap

guante
glove
glóuv

jardinero central
center fielder
séner fílder

jardinero derecho
right fielder
ráit fílder

jardinero izquierdo
left fielder
left fílder

jersey de manga larga
long sleeved jersey
long slivd yérsi

jonrón
home run
jóum ron

jugador
player
pléier

lanzador
pitcher
pétcher

medias
knee stockings
ni stákins

meta, jom
home
jóum

pantalón abajo de la
   rodilla
knickers
níkers

parador en corto
shortstop
shórstop

pizarra
score board
skor bord

pelota
ball
bol

ponche
strike out
stráik áut

primera base
first base
ferst béis

receptor
catcher
kátcher

robarse la base
steal the base
stil zda béis

segunda base
second base
sékond béis

tercera base
third base
zderd béis

zapatos con *spikes*
spikes
spáiks

Box
Boxing

agua
water
uárer

agujeta
shoe lace
shu léis

anunciador
announcer
anáunser

apuestas
bets
bets

arena
ring
reng

banco
stool
stul

bata
robe
róub

boca
mouth
máuzd

boxeador
boxer
bókser

brazos
arms
arms

caída
fall
fol

calcetas
stockings
stákins

campana
bell
bel

ceja
eyebrow
áibráu

cinturón
belt
belt

cuerdas
strings
strengs

decisión
decision
desíshon

episodio
round
ráund

esquina
corner
kórner

ganador
winner
uíner

golpe
hit
jet

herida
wound
uúnd

jueces
judges
yódyes

K.O., nocaut
knockout
nókaut

manejador
manager
mánayer

nariz
nose
nóus

pantalón corto
shorts
shorts

pelea
fight
fáit

piernas
legs
legs

pies
feet
fit

protector bucal
mouth protector
máuzd protéktor

réferi, árbitro
referee
referí

sangre
blood
blod

unánime
unanimous
iunánimas

vaselina
vaseline
váselin

zapatos
shoes
shus

Baloncesto
Basketball

árbitro
referee
referí

atleta
athlete
ázdlit

bancas
benches
bénches

calcetines
socks
saks

camiseta
jersey
yérsi

punto
point
póint

calcetas
stockings
stákins

canasta
basket
básket

punto extra
extra point
ékstra póint

campo de juego
playing field
pléing fild

cancha
basketball court
básketbol kort

riñoneras
kidney pads
kédni pads

casco
helmet
jélmet

contra
against
eguénst

rodilleras
knee pads
ni pads

corredor
runner
róner

entrenador
coach
kóuch

segundos
seconds
sékonds

equipo
team
tim

equipo (jugadores)
team
tim

tablero electrónico
electronic board
elektrónik bord

equipo defensivo
deffensive team
difénsiv tim

expulsado
expelled
ekspéld

tiempo
time
táim

equipo ofensivo
offensive team
ofénsiv tim

falta
foul
fául

tiempo disponible
time left
táim left

fuera de lugar
offside
ófsáid

jugador
player
pléier

toalla
towel
táuel

gol de campo
field goal
fild góul

marcador
score
skor

yarda
yard
yard

hombreras
shoulder pads
shóulder pads

minutos
minutes
mínets

tenis
tennis shoes
ténis shus

jugador
player
pléier

número
number
nómber

Futbol (americano)
Football

línea central
center line
séner láin

pantalón corto
shorts
shorts

aficionado
amateur
ámeter

línea de gol
goal line
góul láin

pelota
ball
bol

barra protectora
face guard
féis gard

línea lateral
side line
sáid láin

piso
floor
flor

bloqueador
blocker
blóker

marcador
score
skor

mariscal de campo
quarterback
kuárerbak

musleras
thigh pads
zdái pads

pantalones
pants
pants·

pase
pass
pas

pase incompleto
incomplete pass
énkomplit pas

playeras
jerseys
yérsis

postes de gol
goal posts
góul póusts

profesional
professional
proféshonal

receptor
receiver
risfver

Tenis
Tennis

campeonato
championship
chámpionship

cancha de tenis
tennis court
ténis kort

competencias
competitions
kompetíshons

cuerdas
strings
strengs

chamarra
jacket
yáket

dobles
doubles
dóbols

entrenador
trainer, coach
tréiner, kóuch

falda
skirt
skért

fuera
out
áut

individuales
singles
séngols

jueces
judges
yódyes

juego
match
match

jugador
player
pléier

lata de pelotas
can of balls
kan of bols

líneas
lines
láins

muerte súbita
tie break
tái bréik

muñequera
wrist pad
rist pad

pantalón corto
shorts
shorts

pelota
ball
bol

playeras
T-shirts
tísherts

punto para set
set point
set póint

punto para partido
match point
match póint

raqueta
racket
ráket

red
net
net

saque
service
sérvis

servicio as
ace service
éis sérvis

set
set
set

torneo
tournament
térnament

ventaja
advantage
advántach

zapatos tenis
tennis shoes
ténis shus

Museo   *Museum*

A —Do you have guided tours in Spanish?
  Du yu jav gáided turs en Spánish?
  ¿Tiene visitas guiadas en español?

B —No, we don't, but you can get a bilingual guidebook
  at the shop.
  *Nóu, uí dóunt, bot yu kan guét a bailíngual gáidbuk at zda
  shop.*
  No, pero en la tienda hay guías bilingües del museo.

A —Thank you.
  Zdenk yu.
  Gracias.

B —You're welcome.
  Yur uélkom.
  De nada.

Sorry, sir, no photographs.
Sórri, ser, nóu fóutougrafs.
Disculpe, señor, no se pueden tomar fotografías.

Where's the Greek room?
Juérs zda grík rum?
¿Dónde está la sala de arte griego?

Do you want a guide?
Du yu uánt a gáid?
¿Desea un guía?

GUIDED TOURS ARE AVAILABLE ONLY ON WEEKENDS

(visitas guiadas solamente en fines de semana)

TAKING PICTURES IS NOT ALLOWED

(no se permite tomar fotografías)

DO NOT TOUCH

(no tocar)

Encontrará
You will find

arte antiguo	guardias	visitantes
ancient art	guards	visitors
éinshent art	*gards*	*vésitors*
arte moderno	obras de arte	visitas guiadas
modern art	works of art	guided tours
módern art	*uérks of art*	*gáided turs*
bancas	paredes	vitrinas
benches	walls	showcases
bénches	*uóls*	*shóukéises*
esculturas	pinturas	
sculptures	paintings	
skólpchurs	*péintings*	
galería	salas	
gallery	rooms	
gáleri	*rums*	

Verbos relacionados
Related verbs

admirar	escribir	preguntar
admire	write	ask
admáior	*ráit*	*ask*
caminar	leer	pintar
walk	read	paint
uók	*rid*	*péint*
colgar	mirar	visitar
hang	look	visit
jáng	*luk*	*vésit*
comentar		
talk about		
tok abáu		

Palabras, palabras, palabras
Words, words, words

antiguo(a)
ancient
éinshent

antropólogo
anthropologist
anzdropóloyist

arqueólogo
archaelogist
arkeóloyist

arte
art
art

artista
artist
ártist

bronce
bronce
brons

busto
bust
bost

colección
collection
kolékshon

copia
copy
kópi

data de
dates from
déits from

escultor
sculptor
skólpter

estatua
statue
státhu

famosa(o)
famous
féimous

figuras
figures
figuiurs

gabinete
cabinet
kábinet

lugar
place
pléis

madera
wood
uúd

mármol
marble
márbol

objeto
object
óbyekt

orígenes
origins
óriyins

original
original
oríyinal

periodo
period
píriod

pieza
piece
pis

pintor
painter
péinter

retrato
portrait
pórtreit

tesoro
treasure
tréshur

trabajo
work
uérk

urna
urn
érn

Parque de diversiones   *Amusement park*

Where can I get a hamburger/pizza?
Juér kan ái guét a jámberguer/pítza?
¿Dónde venden hamburguesas/pizzas?

Near the roller coaster.
Níer zda róler kóuster.
Cerca de la montaña rusa.

Right in front of the ticket office.
Ráit en front of zda tíket ófis.
Frente a la taquilla.

Close to the entrance./At the information desk.
Klóus tu zdi éntrans./At zdi informéishon desk.
Cerca de la entrada./En el mostrador de información.

Letreros
Signs

INFORMATION

(información)

ADMISSION

(entrada)

SUMMER SEASON: OPEN TUESDAY - FRIDAY, NOON TO MIDNIGHT

(temporada de verano: abierto de martes a viernes, del mediodía a la medianoche)

SATURDAY AND SUNDAY, 10 A.M. TO MIDNIGHT

(sábados y domingos, de 10 a.m. a la medianoche)

CLOSED MONDAYS

(cerrado los lunes)

Encontrará
You will find

algodón de azúcar
cotton candy
káten kándi

atracciones
attractions
atrákshons

boletos
tickets
tíkets

café
coffee
kófi

comida
food
fud

emparedados
sandwiches
sánduiches

espectáculos
shows
shóus

fuegos artificiales
fireworks
fáieruérks

hamburguesas
hamburgers
jámberguers

helados
ice cream
áis krím

montaña rusa
roller coaster
róler kóuster

palomitas de maíz
popcorn
pápkorn

papas
potato chips
potéiro cheps

perros calientes
hot dogs
játdogs

pizzas
pizzas
pítzas

refrescos
sodas, soft drinks
sóudas, soft drénks

taquilla
ticket office
tíket ófis

tienda de regalos
gift/souvenir shop
guéft/súvenir shop

tiendas
shops
shops

tiovivo, carrusel
merry-go-round
mérrigóu ráund

Verbos relacionados
Related verbs

bajarse
get down
guét dáun

caminar
walk
uók

comer
eat
it

comprar
buy
bái

divertirse
have fun
jav fan

esperar
wait
uéit

formar fila
stand in line
stand en láin

gritar
scream
skrím

pedir información
ask for information
ask for informéishon

reír
laugh
laf

subirse (a un juego)
get on
guét on

tomar fotos
take pictures
téik pékchurs

Expresiones cotidianas
Everyday language

You can get a map of the park at the information desk.
Yu kan guét a map of zda park at zdi informéishon desk.
En el mostrador de información le darán un mapa
del parque.

Let's go up again.
Lets góu ap eguén.
Subamos de nuevo.

How do I get to —?
Jáu du ái guét tu —?
¿Cómo llego a —?

Teatro   *Theater*

> ### Diälogo modelo
> ### Model dialogue

A —I would like to make a reservation for the Tuesday
night show.
Ai uúd láik tu méik a reservéishon for zda tiusdéi náit shóu.
Quiero hacer una reservación para la función del
martes en la noche.

B —Yes, sir. How many seats?
Iés, ser. Jáu méni sits?
Sí, señor, ¿cuántos lugares?

A —Two. Are there any seats in the orchestra?
Tu. Ar zder éni sits en zdi órkestra?
Dos. ¿Tiene lugares en luneta?

B —No, but we have some seats in the mezzaninne.
Nóu, bot uí jav som sits en zda mesanín.
No, pero tenemos algunos lugares en el balcón.

A —Well, that will be fine.
Uél, zdad uíl bi fáin.
Ahí está bien.

B —Alright, that will be $ —. Your name and phone
number, please.
Ólráit, zdad uíl bí $ —. Yur néim and fóun nómber, plís.
Está bien, son $ —. Su nombre y número telefónico,
por favor.

A —González, and the number is 452-3814.
González, and zda nómber is for-fáiv-tu-zdrí-éit-uán-for.
González, 452-3814.

B —Mr. González, we will hold your tickets until 6 p.m.
tomorrow.
*Méster González, uí uíl jóuld yur tíkets ántil séks pi em tu-
márrow.*
Sr. González, sus boletos estarán apartados hasta las
6 de la tarde de mañana.

Necesitará saber
You will need to know

What time does the play start?
Juát táim dos zda pléi start?
¿A qué hora empieza la obra?

How long do you hold the tickets?
Jáu long du yu jóuld zda tíkets?
¿Por cuánto tiempo apartan los boletos?

What bus can I take to the theater?
Juát bas kan ái téik to zda zdíater?
¿Qué autobús llega al teatro?

Tickets must be claimed 30 minutes before a
performance.
Tíkets most bi kléimd zdéri mínets bifór a perfórmans.
Los boletos deben recogerse 30 minutos antes de la
función.

What's the length of the play?
Juáts zda lenzd of zda pléi?
¿Cuánto dura la obra?

Theater tickets may be purchased in advance or at show time.
Zdíater tíkets méi bi pérchesd en adváns or at shóu táim.
Los boletos se pueden adquirir por adelantado o a la hora de la función.

May I have a program, please?
Méi ái juv u prógram, plís?
¿Me da un programa, por favor?

Tickets are available at the box office.
Tíkets ar avéilabol at zda boks ófis.
Los boletos están disponibles en la taquilla.

What's the fare?
Juáts zda fer?
¿Cuánto cuesta el boleto?

Letreros
Signs

IN THE AUDITORIUM, PLEASE:

(dentro de la sala, por favor:)

NO SMOKING

(no fumar)

NO PHOTOGRAPHY

(no sacar fotografías)

NO REFRESHMENTS

(no entrar con refrescos)

NO TAPE RECORDING

(no grabar)

STAFF ONLY

(sólo empleados)

Encontrará
You will find

actor	escenario	sala
actor	stage	auditorium
áktor	*stéich*	*oditórium*
actriz	escenografía	segundo piso
actress	scenery	second floor
áktres	*síneri*	*sékond flor*
asiento, butaca	guardarropa	solista
seat	cloakroom, wardrobe	soloist
sit	*klóukrrum, uórdroub*	*sóloist*
balcón	luces	sonido
mezzaninne, balcony	lights	sound
mésanin, bálkoni	*láits*	*sáund*
boleto	luneta, primer piso	taquilla
ticket	orchestra	box office
tíket	*órkestra*	*boks ófis*
cantante	músico	taquillero, taquillera
singer	musician	clerk
sénguer	*miusíshan*	*klerk*
desenlace	obra	telón
conclusion, end	play	curtain
konklúshon, end	*pléi*	*kérten*
director	palco	vestíbulo
director	box	foyer
dairéktor	*boks*	*fóier*
director de orquesta	pasillo	
conductor	aisle	
kondóktor	*áil*	
elenco	programa	
cast	program	
kast	*prógram*	

Theater Guide
Cartelera

"Angel Fall". The play opens at the Rose Theater on Thursday, March 22nd
("La caída del ángel". La obra se estrenará el martes 22 de marzo en el Teatro Rose)

For tickets contact the box office, 222-3333.
(Para la compra de boletos, comuníquese con la taquilla, al teléfono 222-3333)

Theater located 550 RR Avenue
(El teatro se encuentra en la Avenida RR, número 550)

Verbos relacionados
Related verbs

actuar
act, perform
akt, perfórm

admirar
admire
admáier

apartar
reserve
risérv

aplaudir
applaud
aplód

apreciar
appreciate
áprishiéit

dirigir
direct
dairékt

disfrutar
enjoy
enyói

disgustar
dislike
disláik

divertir
amuse
amiús

ensayar
rehearse
rijérs

estrenar (una obra)
open
óupen

gustar
like
láik

llegar a tiempo
to be on time
tu bi on táim

llorar
cry
krái

montar (una obra de teatro)
put on
put on

producir
produce
prodiús

reír
laugh
laf

retrasarse
to be late
tu bi léit

tener
have
jav

vender
sell
sel

Expresiones cotidianas
Everyday language

I liked the play very much.
Ái láikt zda pléi véri moch.
Me gustó mucho la obra.

I really enjoyed it.
Ái ríli enyóid et.
La disfruté mucho.

It was absolutely disgusting.
Et uós ábsolutli desgásting.
Fue verdaderamente mala.

We are sold out.
Uí ar sóuld áut.
Localidades agotadas.

May I see your ticket, please?
Méi ái sí yur tíket, plís?
Su boleto, por favor.

Excuse me, I think this is my seat.
Ekskiús mi, ái zdenk zdes es mái sit.
Disculpe, creo que éste es mi asiento.

Palabras, palabras, palabras
Words, words, words

acto	autor	crítica
act	author	review
akt	*ózdor*	*riviú*
actuación	camerino	chistoso(a)
performance	dressing room	funny
perfórmans	*drésing rum*	*fáni*
aplauso	comedia	divertido(a)
applause	comedy	amusing
aplós	*kómedi*	*amiúsing*

drama
drama
dráma

escenario
setting
séting

espectáculo
show
shóu

guía de teatro
theater guide
zdíater gáid

iluminación
lighting
láiting

intermedio
intermission, interval
intermíshon, ínterval

llamada
call
kol

maquillaje
makeup
méikap

multitud
crowd
kráud

noche de estreno
opening night
oúpening náit

obra (de teatro)
play
pléi

obra musical
musical
miúsikal

ópera
opera
ópera

papel
role
róul

parte
part
part

producción
production
prodókshon

público
audience
ódiens

suspenso
thriller
zdréler

tragedia
tragedy
tráyedi

vestuario
costumes
kóstiums

Zoológico   Zoo

Diálogo modelo
Model dialogue

Let's see the —.
Lets si zda —.
Vamos a ver a —.

I don't like the —.
Ái dóunt láik zda —.
No me gusta el(la) —.

The — frighten me.
Zda — fráiten mi.
Los(las) — me asustan.

I love animals.
Ái lov ánimals.
Me encantan los animales.

Shall we have lunch here?
Shal uí jav lonch jíer?
¿Comemos aquí?

Let's come again.
Lets kom eguén.
Me gustaría regresar.

The park is closing.
Zda park es klóusing.
Ya vamos a cerrar.

Verbos relacionados
Related verbs

admirar	imitar	sonreír
admire	imitate	smile
admáier	*ímiteit*	*smáil*
alimentar	observar	visitar
feed	watch	visit
fid	*uátch*	*vésit*
asustarse		
be frightened/scared		
bi fráitend/skerd		

Encontrará
You will find

animales	**Animales**	focas
animals	**Animals**	seals
ánimals		*sils*
bancas	aves	hipopótamos
benches	birds	hippopotamus
bénches	*bérds*	*jepopótamas*
baños	cebras	jirafas
restrooms	zebras	giraffes
réstrrums	*zíbras*	*yiráfs*
césped	cocodrilos	leones
lawn	crocodiles	lions
lon	*krókodáils*	*láions*
jaulas	elefantes	loros
cages	elephants	parrots
kéyes	*élefants*	*párrots*

monos	panteras	tigres
monkeys	panthers	tigers
mánkis	*pánzders*	*táiguers*

osos	serpientes	
bears	snakes	
bers	*snéiks*	

Expresiones cotidianas
Everyday language

May I have a hot dog, please?
Méi ái jav a játdog, plís?
¿Me da un perro caliente, por favor?

Onion and pickles?
Ónion and pékels?
¿Con cebolla y pepinillos?

Yes, please. /No onion, thanks.
Iés, plís./Nó ónion, zdanks.
Sí, por favor. / Sin cebolla, gracias.

How much is it?
Jáu moch es et?
¿Cuánto es?

Here you are.
Jíer yu ar.
Aquí tiene.

INFORMACIÓN GENERAL
GENERAL INFORMATION

A nuestro alrededor   *Our sorroundings*

Si sale de paseo, encontrará lo siguiente:
If you take a walk, you'll find:

agencias de viajes	bancos	cabinas telefónicas
travel agencies	banks	telephone booths
trável éiyensis	*banks*	*télefoun buzds*
anuncios de neón	banquetas	cafeterías
neon advertisements	sidewalks	coffee shops
níon advertáisments	*sáiduóks*	*kófishops*
aparadores	barberías	calles
show windows	barber shops	streets
shóu uíndous	*bárber shops*	*stríts*
árboles	bares	casas
trees	bars	houses
trís	*bars*	*jáuses*
autobuses	bibliotecas	centros comerciales
buses	libraries	malls, shopping centers
báses	*láibraris*	*mols, shóping séners*
automóviles	bicicletas	centro de la ciudad
cars	bicycles	downtown area
kars	*báisikols*	*dáuntáun éria*

153

cines
movies, cinemas
múvis, sínemas

compañías de seguros
insurance companies
inshúrans kómpanis

departamentos
apartments
apártments

edificios
buildings
bíldings

embajadas
embassies
émbasis

escuelas
schools
skúls

estación de autobuses
bus station/terminal
bas stéishon/términal

estación de ferrocarril
train station
tréin stéishon

estacionamientos
parking lots
párking lots

flores
flowers
fláuers

fuentes
fountains
fáuntens

hoteles
hotels
joutéls

iglesias
churches
chérches

jardines
gardens
gárdens

macetas
flower pots
fláuer pots

monumentos
monuments
móniuments

motocicletas
motorcycles
mótorsáikols

museos
museums
miusíems

oficina de correos
post office
póust ófis

oficinas
offices
ófises

parques
parks
parks

perros
dogs
dogs

planetario
planetarium
planetérium

policías
policemen,
   policewomen
polísmen, polísuímen

postes de alumbrado
lampposts
lampóusts

puentes
bridges
brédyes

puestos de periódicos
newsstands
niústands

renta de automóviles
car rental
kar réntal

restaurantes
restaurants
réstorants

salones de belleza
beauty parlors
biúri párlors

semáforos
traffic lights
tráfik láits

supermercados
supermarkets
súpermárkets

taxis
cabs, taxis
kabs, táksis

teatros
theaters
zdíaters

tiendas de
   departamentos
department stores
dipártment stors

transporte
   subterráneo
subway
sábuéi

universidades
universities, colleges
iúnivérsitis, cóleyes

En el campo
In the countryside

campos
fields
fílds

cascadas
waterfalls
uárerfols

colinas
hills
jels

estanques
ponds
ponds

granjas	pájaros	ríos
farms	birds	rivers
farms	*berds*	*révers*
lagos	pico	valles
lakes	peak	valleys
léiks	*pik*	*vál:s*
manantiales	plantaciones	viñedos
springs	plantations	vineyards
sprengs	*plantéishons*	*víniards*
montañas	pueblos	
mountains	villages	
máuntens	*vélayes*	

Verbos relacionados
Related verbs

averiguar	conocer	mirar
find out	know	look around
fáind áut	*nóu*	*luk arráund*
buscar	cruzar la calle	pasear
look for	cross the street	take a walk,
luk for	*kros zda strít*	walk around
		téik a uók, uók arráund
caminar	encontrar	
walk	find	ver aparadores
uók	*fáind*	window shop
		uíndou shop

Expresiones cotidianas
Everyday language

Are you going downtown?
Ar yu góing dáuntáun?
¿Vas al centro?

This is a very large city.
Zdes es a véri larch séri.
Esta ciudad es muy grande.

I live in a suburb about 15 minutes from here.
Ái lev en a sóborb abáut fiftín mínets from jíer.
Vivo en un suburbio a unos 15 minutos de aquí.

Colores   *Colors*

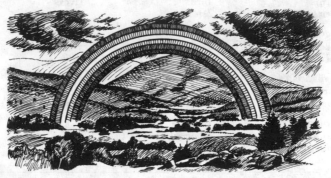

amarillo	beige	gris	rojo
yellow	beige	grey	red
iélou	*béish*	*gréi*	*red*
arena	blanco	lila	rosa
sand	white	lilac	pink
sand	*juáit*	*láilak*	*penk*
avellana	café	marrón	turquesa
hazel	brown	fawn	turquoise
jéisel	*bráun*	*fóun*	*térkes*
azul	carmesí	morado	verde
blue	crimson	purple	green
blu	*krémson*	*pérpol*	*grín*
azul claro	dorado	naranja	violeta
light blue	gold	orange	violet
láit blu	*góuld*	*óranch*	*váiolet*
azul marino	esmeralda	negro	
navy blue	emerald	black	
néivi blu	*émerald*	*blak*	
azul oscuro	escarlata	plateado	
dark blue	scarlet	silver	
dark blu	*skárlet*	*sélver*	

Verbos relacionados
Related verbs

combinar	distinguir	hacer juego	sentar/quedar
match, combine	distinguish	match	bien
match, kombáin	*desténgüish*	*match*	suit
			sut
disgustar	gustar		
dislike	like		
disláik	*láik*		

Cómo llegar a...   *How to get somewhere*

Necesitará saber
You will need to know

How can I get to —?
Jáu han ái guét tu —?
¿Cómo puedo llegar a —?

Where is —?
Juér es —?
¿Dónde está —?

Go north one block and turn right.
Góu norzd uán blok and tern ráit.
Camine una cuadra hacia el norte y dé vuelta a la derecha.

Go straight ahead two blocks. It's on your right.
Góu stréit ajéd tu bloks. Ets on yur ráit.
Camine derecho dos cuadras. Está a su derecha.

Verbos relacionados
Related verbs

buscar	explicar	recordar
look for	explain	remember
luk for	*ekspléin*	*rimémber*
caminar	informar	regresar
walk	inform	return
uók	*infórm*	*ritérn*
cruzar	ir	seguir derecho
cross	go	go straight ahead
kros	*góu*	*góu stréit ajéd*
decir	pedir, preguntar	
tell	ask	
tel	*ask*	

Expresiones cotidianas
Everyday language

Excuse me. How far is the station?
Ekskiús mi. Jáu far es zda stéishon?
Disculpe. ¿A qué distancia se encuentra la estación?

How long does it take to get there?
Jáu long dos et téik tu guét zder?
¿Cuánto tiempo lleva llegar allá?

How can I get to the park?
Jáu kan ái guét tu zda park?
¿Cómo puedo llegar al parque?

Is it very far from here?
Es et véri far from jíer?
¿Queda muy lejos de aquí?

It's not far from here.
Ets not far from jíer.
No queda muy lejos de aquí.

Palabras, palabras, palabras
Words, words, words

a una cuadra de aquí
one block from here
uán blok from jíer

al lado
beside
bisáid

al lado opuesto
opposite
óposit

cerca
near
níer

cerca de
close to
klóus tu

en
on
on

enfrente
across
akrós

enfrente de
in front of
en front of

en la esquina
on the corner
on zda kórner

en la intersección
at the intersection
at zdi intersékshon

entre (una cosa y otra)
between
bituín

junto a
next to
nekst tu

lejos de
far from
far from

no lejos de aquí
not far from here
not far from jíer

Corriente eléctrica

Electrical power

Letreros
Signs

CAUTION

(precaución)

HIGH VOLTAGE

(alto voltaje)

DO NOT TOUCH

(no toque)

DANGER

(peligro)

RISK OF ELECTRIC SHOCK

(riesgo de choque eléctrico)

(El voltaje en E.U.A. es de 110 voltios)

Verbos relacionados
Related verbs

apagar	encender	tener cuidado
turn off	turn on	to be careful
tern of	*tern on*	*tu bi kérful*
conectar	funcionar	usar
plug	operate	use
plog	*ópereit*	*iús*
desconectar	leer	
unplug	read	
ánplog	*rid*	

Palabras, palabras, palabras
Words, words, words

alambre	encendido/apagado	instalación
wire	on/off	installation
uáier	*on/of*	*enstaléishon*
cable	energía eléctrica	línea de transmisión
cord	power	power line
kord	*páuer*	*páuer láin*
cinta de aislar	extensión de cable	voltaje
insulating tape	extension cord	voltage
ensiuléiting téip	*eksténshon kord*	*vóltach*
contacto	fuente de energía	voltios
power outlet	power source	volts
páuer áutlet	*páuer sors*	*volts*
corto circuito	funcionamiento	
short circuit	operation	
short sérkuit	*óperéishon*	
desenchufado(a)	insertar	
unplugged	insert	
anplógd	*insért*	

Días de la semana, meses del año y estaciones
Days of the week, months and seasons

Días de la semana

Days of the week

Domingo	Miércoles	Viernes
Sunday	Wednesday	Friday
Sándéi	*Uénsdéi*	*Fráidéi*
Lunes	Jueves	Sábado
Monday	Thursday	Saturday
Mándéi	*Zdérsdéi*	*Sáturdéi*
Martes		
Tuesday		
Tiúsdéi		

Meses del año

Months of the year

Enero	Mayo	Septiembre
January	May	September
Yánuari	*Méi*	*Septémber*
Febrero	Junio	Octubre
February	June	October
Fébruari	*Yun*	*Októuber*
Marzo	Julio	Noviembre
March	July	November
March	*Yulái*	*Nouvémber*
Abril	Agosto	Diciembre
April	August	December
Éiprel	*Ógost*	*Disémber*

Estaciones   *Seasons*

Primavera	Otoño	Invierno
Spring	Autumn or Fall	Winter
Spreng	*Órom or Fol*	*Uínter*

Verano
Summer
Sómer

Necesitará saber
You will need to know

When are you going back home?
Juén ar yu góing bak jóum?
¿Cuándo regresarás a casa?

Next week.
Nekst uík.
La semana próxima.

Are you going to take a vacation?
Ar yu góing tu téik a vakéishon?
¿Vas a tomar vacaciones?

Yes, in a fortnight.
Iés, en a fórnait.
Sí, en quince días.

There are no tickets for next Tuesday.
Zder ar nóu tíhets for nekst tiúsdéi.
No hay boletos para el martes próximo.

I want a reservation for tomorrow night.
Ái uánt a reservéishon for tumárrou náit.
Deseo hacer una reservación para mañana por la noche.

Checking out time
Chékin áut táim
Hora de salida

You should check out before noon.
Yu shud chek áut bifór nun.
Debe entregar la habitación antes del mediodía.

Museums are closed on Mondays.
Miusíems ar klóusd on Mándéis.
Los museos cierran los lunes.

I made a reservation the day before yesterday.
Ái méid a reservéishon zda déi bifór iésterdéi.
Hice una reservación anteayer.

We are leaving the day after tomorrow.
Uí ar líving zda déi after tumárrou.
Saldremos pasado mañana.

I'll meet you there in ten minutes.
Áil mit yu zder en ten mínets.
Nos veremos ahí en diez minutos.

I'll see you tomorrow.
Áil si yu tumárrou.
Te veré mañana.

You'll have to wait for more than an hour.
Yul jav tu uéit for mor zdan an áuer.
Tendrá que esperar más de una hora.

My watch is fast/slow.
Mái uátch es fast/slóu.
Mi reloj está adelantado/retrasado.

Verbos relacionados
Related verbs

descansar	pasar el día	vacacionar
relax	spend the day	vacation
riláks	*spend zda déi*	*vakéishon*
descansar	planear	viajar
rest	plan	travel
rest	*plan*	*trável*
encontrarse	regresar	
meet	come back, go back	
mit	*kom bak, góu bak*	
levantarse	trabajar	
get up	work	
guét ap	*uérk*	

Palabras, palabras, palabras
Words, words, words

al amanecer	cumpleaños	fin de semana
at sunrise	birthday	weekend
at sánrrais	*bérzdéi*	*uíkend*
al anochecer	día	fin de semana largo
at sundown	day	long weekend
at sándaun	*déi*	*long uíkend*
al mediodía	día festivo	hace tres días
at noon	holiday	three days ago
at nun	*jálidéi*	*zdri déis agóu*
anteayer	días de la semana	hace una semana
the day before	week days	a week ago
yesterday	*uík déis*	*a uík agóu*
zda déi bifór iésterdéi	el año próximo	hoy
	next year	today
año	*nekst íer*	*tudéi*
year		
íer	el día siguiente	la semana pasada
	the next day	last week
año nuevo	*zda nekst déi*	*last uík*
new year		
niú íer	en dos semanas	la semana próxima
	in two weeks	next week
ayer	*en tu uíks*	*nekst uík*
yesterday		
iésterdéi	esta noche	lustro
	tonight	lostrum
	tunáit	*lóstrum*

mañana
tomorrow
tumárrou

mañana (a.m.)
morning
mórning

medianoche
midnight
médnáit

mediodía
midday, noon
mid-déi, nún

mes
month
manzd

noche (temprano)
evening
ívning

noche (más tarde)
night
náit

pasado mañana
the day after
  tomorrow
zda déi áfter tumárrou

por la mañana
in the morning
en zda mórning

por la noche
  (temprano)
in the evening
en zdi ívning

por la noche
  (más tarde)
at night
at náit

por la tarde
in the afternoon
en zdi áfternun

quincena
fortnight
fórnait

semana
week
uík

siglo
century
sénchuri

tarde (p.m.)
afternoon
áfternun

tarde
late
léit

temprano
early
érli

vacaciones
vacations, holidays
vakéishons, jálidéis

Días festivos   *Holidays*

Enero
January

New Year's Day
(Año Nuevo)

Third Monday,
Martin Luther King's Day
(Tercer lunes, día de
Martin Luther King)

Febrero
February

12 Lincoln's Birthday
(Natalicio de Lincoln)

14 Valentine's Day
(Día de San Valentín)

Third Monday,
Washington's Birthday
(Tercer lunes, natalicio
de Washington)

Marzo
March

17 St. Patrick's Day
(Día de San Patricio)

Mayo
May

Second Sunday, Mother's Day
(Segundo domingo,
día de la Madre)

Last Monday, Memorial Day
(Último lunes,
conmemoración de
los Soldados Caídos)

Junio
June

14 Flag Day
(Día de la Bandera)

Third Saturday, Father's Day
(Tercer sábado, día del Padre)

Julio
July

4 *Independence Day*
(Día de la Independencia)

Septiembre
September

First Monday, Labor Day
(Primer lunes,
Día del Trabajo)

Octubre
October

12 *Columbus' Day*
(Día de la Raza)

31 Halloween
(Noche de Brujas)

Noviembre
November

Last Thursday,
Thanksgiving Day
(Último jueves, Día de
Acción de Gracias)

Diciembre
December

25 *Christmas Day*
(Navidad)

Necesitará saber
You will need to know

Happy New Year!
Jápi niú íer!
¡Feliz Año Nuevo!

Happy birthday.
Jápi bérdei.
Feliz cumpleaños.

Congratulations!
Kongrachuléishons!
¡Felicidades!

Best wishes.
Best uíshes.
Mis mejores deseos.

Merry Christmas!
Mérri Krésmas!
¡Feliz Navidad!

Verbos relacionados
Related verbs

adornar	comer	invitar
decorate	eat	invite
dékoreit	*it*	*enváit*
apagar las velas	conmemorar	marchar
blow out the candles	commemorate	march
blóu áut zda kándels	*komémoreit*	*march*
bailar	desear	preparar
dance	wish	prepare
dáns	*uísh*	*pripér*
cantar	divertirse	regalar
sing	have fun	give
seng	*jav fan*	*guév*
celebrar	felicitar	salir
celebrate	congratulate	go out
sélebreit	*kongráchuleit*	*góu áut*
cocinar	hacer los honores	tomar, beber
cook	do the honors	drink
kuk	*du zdi ónors*	*drénk*

Expresiones cotidianas
Everyday language

I'll stay in bed late.
Áil stéi en bed léit.
Me quedaré en la cama hasta tarde.

Let's go and watch the parade.
Léts góu and uátch zda paréid.
Vamos a ver el desfile.

We are having guests tonight.
Uí ar jáving guésts tunáit.
Tendremos invitados esta noche.

Welcome!
Uélkom!
¡Bienvenidos!

Edad

Age

How old are you?
Jáu óuld ar yu?
¿Cuántos años tienes?

How old is your sister?
Jáu óuld es yur séster?
¿Cuántos años tiene tu hermana?

How old is your brother?
Jáu óuld es yur bró<u>z</u>der?
¿Cuántos años tiene tu hermano?

He is twelve years old.
Ji es tuélv íers óuld.
Doce años.

I am twenty years old.
Ái am tuéni íers óuld.
Tengo veinte años.

He is thirty years old.
Ji es zdéri íers óuld.
Él tiene treinta años.

She is five years old.
Shí es fáiv íers óuld.
Ella tiene cinco años.

You are fourteen years old.
Yu ar fortín íers óuld.
Tú tienes catorce años.

They are twenty-six years old.
Zdéi ar túeniseks íers óuld.
Ellos tienen veintiséis años.

Expresiones cotidianas
Everyday language

How old are you?
Jáu óuld ar yu?
¿Cuántos años tienes?

How old are your children?
Jáu óuld ar yur chéldren?
¿Cuántos años tienen tus hijos?

One is five and the other seven.
Uán es fáiv and zdi ózder séven.
Uno tiene cinco años y el otro siete.

You look very young.
Yu luk véri ióng.
Te ves muy joven.

My youngest son is —.
Mái iónguest son es —.
Mi hijo más chico tiene — años.

Palabras, palabras, palabras
Words, words, words

adolescente
adolescent
adolésent

adulto
adult
adólt

anciana(o)
old woman, old man
óuld uúman, óuld man

años (edad)
years old
íers óuld

bebé
baby
béibi

caballero
gentleman
yéntelman

dama
lady
léidi

edad
age
éich

el más grande
the oldest
zdi óuldest

el más joven
the youngest
zda iónguest

hombre
man
man

infantes
infants
énfants

joven
young man/woman
ióng man/uúman

jóvenes
young boys/girls
ióng bóis/guérls

más grande, mayor
older
óulder

más joven, menor
younger
iónguer

mujer
woman
uúman

muy grande
very old
véri óuld

muy joven
very young
véri ióng

niña
girl
guérl

niño
boy
bói

niños
children
chéldren

viejo(a) (grande)
old
óuld

Hora *Time*

Necesitará saber
You will need to know

What time is it?
Juát táim es et?
¿Qué hora es?

It's one/two/three/four/five/six/seven/eight/nine/ten/
eleven/twelve o'clock.
*Ets uán/tu/zdrí/fur/fáiv/seks/séven/éit/náin/ten/iléven/
tuélv oklók.*
Son las una/las dos/las tres/las cuatro/las cinco/las
seis/las siete/las ocho/las nueve/las diez/las once/las
doce en punto.

Can you tell me the time?
Kan yu tél mi zda táim?
¿Puede decirme qué hora es?

It's five/ten to seven.
Ets fáiv/ten tu séven.
Faltan cinco/diez minutos para las siete.

Do you have the time?
Du yu jav zda táim?
¿Me da la hora?

It's a quarter after/past twelve.
Ets a kuárer áfter/past tuélv.
Las doce y cuarto.

It's one o'clock.
Ets uán oklók.
Es la una en punto.

It's one thirty.
Ets uán zdéri.
Es la una treinta.

It's five to one.
Ets fáiv tu uán.
Faltan cinco para la una.

It's a quarter to one.
Ets a kuárer tu uán.
La una menos cuarto.

It's ten past one.
Ets ten past uán.
Es la una y diez.

It's ten after one.
Ets ten áfter uán.
Es la una y diez.

It's one ten.
Ets uán ten.
La una y diez.

What time do the banks open?
Juát táim du zda banks óupen?
¿A qué hora abren los bancos?

At 9 a.m.
At náin éi ém.
A las 9 de la mañana.

What time do the stores close?
Juát táim du zda stors klóus?
¿A qué hora cierran las tiendas?

At 6 p.m.
At seks pí ém.
A las 6 de la tarde.

Verbos relacionados
Related verbs

decir	llegar a tiempo	poner el despertador
tell	to be on time	set the alarm
tel	*tu bi on táim*	*set zdi alárm*
llegar	llegar temprano	preguntar
arrive	to be early	ask
arráiv	*tu bi érli*	*ask*

Palabras, palabras, palabras
Words, words, words

a tiempo	buenos días	hora
on time	good morning	hour
on táim	*gud mórning*	*áuer*
buenas noches	cronómetro	hora exacta
(al llegar)	chronometer	o'clock
good evening	*kranómeter*	*oklók*
gud tuning		
	cuarto de hora	horario
buenas noches	quarter hour	schedule
(al salir)	*kuárer áuer*	*skédiul*
good night		
gud náit	hacer una cita	justo a tiempo
	to make a date	just in time
buenas tardes	*tu méik a déit*	*yost en táim*
good afternoon		
gud áfternun		

mañana (a.m.)
morning
mórning

media hora
half hour
jafáuer

medianoche
midnight
médnáut

mediodía
noon
nun

minuto
minute
mínet

noche (temprano)
evening
ívning

noche (más tarde)
night
náit

puntualmente
on time
on táim

reloj (de pared)
clock
klók

reloj (de pulsera)
watch
uátch

reloj a prueba de agua
waterproof watch
wárerpruf uátch

reloj con alarma
alarm clock
alárm klók

segundo
second
sékond

tarde
late
léit

tarde (p.m.)
afternoon
áfternun

temprano
early
érli

tiempo, hora
time
táim

Horarios   *Business hours*

Malls
(Centros comerciales)

Open Monday thru Saturday,	Abierto lunes a sábado,
10 a.m. to 9 p.m.	10 a.m. a 9 p.m.,
or 10 a.m. to 6 p.m.	o 10 a.m. a 6 p.m.
Sunday, 11 a.m. to 5 p.m.	Domingo, 11 a.m. a 5 p.m.

Shops
(Tiendas)

Open Monday thru Saturday	Abierto de lunes a sábado
10 a.m. to 5:30 p.m.	10 a.m. a 5:30 p.m.
Closed on Sundays.	Cerramos los domingos.

Note: Business hours depend on the season and the city.
Nota: Los horarios comerciales dependen de la estación y la ciudad.

Restaurants
Restaurantes

Breakfast	Desayuno	7 a.m. - 10 a.m.
Lunch	Almuerzo	11:30 a.m. - 2:30 p.m.
Dinner	Comida	5:30 p.m. - 10 p.m.
Sunday brunch	Almuerzo en domingo	11 a.m. - 2:30 p.m.

Museums
Museos

Open Tuesday thru Saturday, 10 a.m. to 5 p.m. Sundays, noon to 6 p.m. Closed on Mondays.	Abierto de martes a sábado, 10 a.m. a 6 p.m. Domingos, 12 m. a 6 p.m. Cerrado los lunes.

Banks
Bancos

9 a.m. to 1 p.m. and 3 to 5 p.m.	9 a.m. a 1 p.m. y 3 a 5 p.m.

Offices
Oficinas

Monday thru Friday, 8 a.m. to 5 p.m.	De lunes a viernes, de 8 a.m. a 5 p.m.

Miembros de la familia   *Family members*

abuela	hija	nietos (varones y
grandmother	daughter	niñas)
grándmózder	*dórer*	grandchildren
		gránchóldren
abuelo	hijo	
grandfather	son	nuera
grándfázder	*son*	daughter-in-law
		dórer en lo
abuelos	hijos (varones y niñas)	
grandparents	children	padrastro
grándpérents	*chéldren*	stepfather
		stepfázder
cuñada	madrastra	
sister-in-law	stepmother	padre
séster en lo	*stepmózder*	father
		fázder
cuñado	madre	
brother-in-law	mother	padres (padre y
brózder en lo	*mózder*	madre)
		parents
esposa	madrina	*pérents*
wife	godmother	
uáif	*gádmózder*	padrino
		godfather
esposo	mami	*gádfázder*
husband	mummy	
jósband	*mómi*	papi
		daddy
hermana	nieta	*dádi*
sister	granddaughter	
séster	*grándórer*	parientes
		relatives
hermano	nieto	*rélativs*
brother	grandson	
brózder	*grándsón*	

primo(a) cousin *kósin*	suegra mother in-law *mó<u>z</u>der en lo*	tío uncle *ónkel*
sobrina niece *nís*	suegro father in-law *fá<u>z</u>der en lo*	yerno son in-law *son en lo*
sobrino nephew *néfiu*	tía aunt *ant*	

Verbos relacionados
Related verbs

amar love *lov*	educar educate *édiukeit*	respetar respect *rispékt*
casarse marry *márri*	enseñar teach *tich*	separarse separate, get separated *séparéit, guét séparéited*
criar raise *réis*	morir die *dái*	tener have *jav*
divorciarse divorce *divórs*	nacer be born *bi born*	

Expresiones cotidianas
Everyday language

I have three children.
Ái jav zdri chéldren.
Tengo tres hijos.

I'm single.
Áim séngol.
Soy soltero(a).

I'm married.
Áim márrid.
Soy casado(a).

I don't have any relatives here.
Ái dóunt jav éni rélativs jíer.
No tengo parientes aquí.

I have two children; one boy and a girl.
Ái jav tu chéldren; uán bói and a guérl.
Tengo dos hijos; un niño y una niña.

Palabras, palabras, palabras
Words, words, words

yo	ustedes	de ella
I	you	hers
ái	*yu*	*jers*
tú	ellos	nuestro
you	they	ours
yu	*zdéi*	*áurs*
él	mi	de ustedes
he	my	yours
ji	*mái*	*yurs*
ella	tu	de ellos
she	your	theirs
shi	*yur*	*zdérs*
nosotros	de él	
we	his	
uí	*jes*	

Moneda de los Estados Unidos   *U.S. currency*

1 c = 1 cent = 1 penny
1 centavo

5 c = 5 cents = a nickel
5 centavos

10 c = 10 cents = a dime
10 centavos

25 c = 25 cents = a quarter
25 centavos

50 c = 50 cents = half a dollar, a half dollar
50 centavos

Bills

$ 1 = one dollar
1 dólar

$ 2 = two dollars
2 dólares

$ 5 = five dollars
5 dólares

$ 10 = ten dollars
10 dólares

$ 20 = twenty dollars
20 dólares

$ 50 = fifty dollars
50 dólares

$ 100 = one hundred dollars, a hundred dollars
100 dólares

Verbos relacionados
Related verbs

ahorrar	ganar	pedir
save	win, earn	ask for
séiv	*uín, ern*	*ask for*
cambiar	guardar	poner
change	keep	put
chéinch	*kip*	*put*
cobrar	necesitar	recibir
cash, collect	need	get, receive
kash, kolékt	*nid*	*guét, rísív*
dar	pagar	
give	pay	
guév	*péi*	

Números   *Numbers*

Cardinales
Cardinals

uno
one
uán

dos
two
tu

tres
three
zdrí

cuatro
four
for

cinco
five
fáiv

seis
six
seks

siete
seven
séven

ocho
eight
éit

nueve
nine
náin

diez
ten
ten

once
eleven
iléven

doce
twelve
tuélv

trece
thirteen
zdertín

catorce
fourteen
fortín

quince
fifteen
feftín

diez y seis
siksteen
sekstín

diez y siete
seventeen
seventín

diez y ocho
eighteen
eitín

diez y nueve
nineteen
naintín

veinte
twenty
tuéni

veintiuno
twenty-one
tuéni uán

veintidós
twenty-two
tuéni tu

veintitrés
twenty-three
tuéni zdri

treinta
thirty
zdéri

cuarenta
forty
fóri

cincuenta
fifty
féfti

sesenta
sixty
séksti

setenta
seventy
séventi

ochenta
eighty
éiri

noventa
ninety
náiri

cien
one hundred
uán jóndred

doscientos
two hundred
tu jóndred

trescientos
three hundred
zdrí jóndred

mil
one thousand
uán zdáusand

dos mil
two thousand
tu zdáusand

tres mil
three thousand
zdrí zdáusand

un millón
one million
uán mélion

Ordinales
Ordinals

primero
first (1st)
ferst

segundo
second (2nd)
sékond

tercero
third (3rd)
zderd

cuarto
fourth (4th)
fórzd

quinto
fifth (5th)
féfzd

sexto
sixth (6th)
sékszd

séptimo
seventh (7th)
sévenzd

octavo
eighth (8th)
éizd

noveno
ninth (9th)
náinzd

décimo
tenth (10th)
ténzd

décimo primero
eleventh (11th)
ilévenzd

décimo segundo
twelfth (12th)
tuélfzd

décimo tercero
thirteenth (13th)
zdertínzd

décimo cuarto
fourteenth (14th)
fortínzd

décimo quinto
fifteenth (15th)
feftínzd

décimo sexto
sixteenth (16th)
sekstínzd

décimo séptimo
seventeenth (17th)
seventínzd

décimo octavo
eighteenth (18th)
eitínzd

décimo noveno
nineteenth (19th)
naintínzd

vigésimo
twentieth (20th)
tuéniezd

vigésimo primero
twenty-first (21st)
tuéniferst

vigésimo segundo
twenty-second (22nd)
tuénisékond

vigésimo tercero
twenty-third (23rd)
tuénizderd

trigésimo
thirtieth (30th)
zdértiezd

cuadragésimo
fortieth (40th)
fórtiezd

quincuagésimo
fiftieth (50th)
féftiezd

sexagésimo
sixtieth (60th)
sékstiezd

septuagésimo
seventieth (70th)
séventiezd

octagésimo
eighticth (80th)
éitiezd

nonagésimo
nintieth (90th)
náintiezd

centésimo
hundredth (100th)
jóndrezd

milésimo
thousandth (1 000th)
zdáusanzd

Verbos relacionados
Related verbs

aumentar	disminuir	ordenar
increase	decrease	put in order
inkrís	*dikrís*	*put en órder*
calcular	multiplicar	restar
calculate	multiply	subtract
kálkiuléit	*móltiplai*	*sabtrákt*
clasificar	nombrar	sumar
classify	name	add
klásifái	*néim*	*ad*
contar		
count		
káunt		

Ocupaciones

Occupations

abogado	biólogo(a)	contador(a)
lawyer	biologist	accountant
lóier	*baióloyest*	*akáuntant*
actor	bombero	costurera
actor	fireman	dressmaker
áktor	*fáirman*	*dresméiker*
actriz	cajero(a)	chofer
actress	cashier	driver
áktres	*kashíer*	*dráiver*
aeromoza	camarera	dentista
air hostess	maid	dentist
ér jóustes	*méid*	*déntist*
aeromozo	campesino(a)	dependiente
air host	farmer	clerk
ér jóust	*fármer*	*klerk*
arquitecto	cantante	deportista
architect	singer	sportsman, athlete
árkitekt	*sénguer*	*spórtsman, ázdlit*
bailarín(a)	carpintero	diseñador(a)
dancer	carpenter	designer
dánser	*kárpenter*	*disáiner*
banquero	cartero	electricista
banker	mailman	electrician
bánker	*méilman*	*elektríshan*
bibliotecario(a)	cocinero(a)	enfermera(o)
librarian	cook	nurse
laibrérian	*kuk*	*ners*

escritor(a)
writer
ráirer

estudiante
student
stíudent

gerente
manager
mánayer

herrero
blacksmith
bláksmezd

ingeniero
engineer
ínyeníer

jardinero
gardener
gárdener

lechero
milkman
mélkman

mecánico
mechanic
mekánik

médico
doctor
dáktor

mensajero
office boy
ófis bói

mesera
waitress
uéitres

mesero
waiter
uéiter

músico
musician
miusíshan

peluquero
barber, hairdresser
bárber, jérdreser

pintor
painter
péinter

policía
policeman,
  policewoman
polísman, polísuúman

portero
caretaker
kértéiker

profesor
teacher
tícher

químico
chemist
kémest

recepcionista
host, hostess,
  recepcionist
jóust, jóustes, risépshonist

sastre
tailor
téilor

secretaria(o)
secretary
sékretari

traductor(a)
translator
transléitor

vendedor(a)
salesperson
séilspérson

veterinario
veterinarian (vet)
veterinérian (vet)

Expresiones cotidianas
Everyday language

Where do you work?
Juér du yu uérk?
¿En dónde trabajas?

Do you like your job?
Du yu láik yur yob?
¿Te gusta tu trabajo?

What do you do?
Juát du yu du?
¿A qué te dedicas?

What is your work schedule?
Juát es yur uérk skédiul?
¿Cuál es tu horario de trabajo?

What is your salary?
Juát es yur sálari?
¿Cuánto ganas?

I don't work on Saturdays and Sundays.
Ái dóunt uérk on sáturdéis and sándéis.
No trabajo los sábados ni los domingos.

Pesos y medidas *Weights and measures*

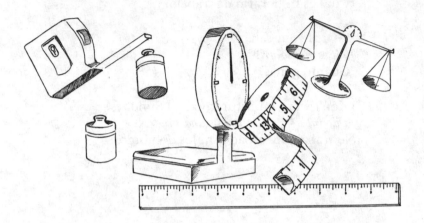

Tablas de conversión
Conversion tables

1.06 *gallons* (galones)	=	4 litros
1 *ounce* (onza)	=	28.35 g
1 *pound* (libra)	=	454 g
2.2 *pounds* (libras)	=	1 k
1 *foot (feet)* (pie)	=	12 pulgadas
12 *inches* (pulgadas)	=	1 pie
1 *yard* (yarda)	=	3 pies
3 *feet* (pies)	=	1 yarda
1 *inch* (pulgada)	=	2.54 cm
1 *foot* (pie)	=	30.48 cm
1 *mile* (milla)	=	1.609 km
0.39 *inches* (pulgadas)	=	1 cm
39.37 *inches* (pulgadas)	=	1 m
0.621 *miles* (millas)	=	1km

Temperatura
Temperature

Fahrenheit (°F)	Centigrades (°C)
158	70
140	60
122	50
104	40
86	30
68	20
50	10
32	0
14	-10
0	-17.8

Tallas de ropa y zapatos
Clothes and shoes sizes

Ropa de hombre
Men's clothing

Sacos y trajes
Jackets and suits

México	35	36	37	38	39	40	41	42
U.S.A.	"	"	"	"	"	"	"	"

Camisas (cuello)
Shirts (collar)

México	14	14 $^{1/2}$	15	15 $^{1/2}$	16	16 $^{1/2}$	17	17 $^{1/2}$
U.S.A.	"	"	"	"	"	"	"	"

Zapatos
Shoes

México	6	7	8	9	10	11
U.S.A.	8	9	10	11	12	13

Ropa de dama
Ladies' clothing

Vestidos, trajes, sacos, abrigos
Dresses, suits, jackets, coats

México	3/26	5/28	7/30	9/32	11/34	13/36	15/38	17/40
U.S.A	6	8	10	12	14	16	18	20

Zapatos
Shoes

México	22	$22^{1/2}$	23	$23^{1/2}$	24	$24^{1/2}$	25	$25^{1/2}$	26
U.S.A.	5	$5^{1/2}$	6	$6^{1/2}$	7	$7^{1/2}$	8	$8^{1/2}$	9

Tallas en general
Sizes

S = *small* = chica (8-10)
M = *medium* = mediana (12-14)
L = *large* = grande (16-18)
XL = *extra large* = extra grande (20-22)
XXL = *extra extra large* = extra extra grande (24-26)

Verbos relacionados
Related verbs

calcular	pesar	transformar
calculate	weigh	transform
kálkiuléit	*uéi*	*transfórm*

medir	probarse
measure	try on
méshur	*trái on*

Expresiones cotidianas
Everyday language

How tall is he?
Jáu tol es ji?
¿Cuánto mide?

He's very short.
Jis véri short.
Él es muy bajo (de estatura).

How much do you weigh?
Jáu moch du yu uéi?
¿Cuánto pesas?

What size do you need?
Juát sáis du yu nid?
¿Qué talla necesita?

What size of shoe do you need?
Juát sáis of shu du yu nid?
¿Qué número de zapatos calza?

Palabras, palabras, palabras
Words, words, words

alto	exacto	milímetro
tall	right, exact	milimeter
tol	*ráit, eksákt*	*mílimíter*
altura	kilogramo	onza
height	kilogram	ounce
jáit	*kílogram*	*áuns*
ancho	largo	pesado
wide	long	heavy
uáid	*long*	*jévi*
anchura	libra	pie
width	pound	foot
uízd	*páund*	*fut*
angosto	ligero	pies
narrow	light	feet
nárrou	*láit*	*fit*
bajo	longitud	pulgada
short	length	inch
short	*lénzd*	*ench*
centímetros	lleno	vacío
centimeters	full	empty
sentímeters	*ful*	*émpti*
corto	metro	
short	meter	
short	*míter*	

Reglamentos para peatones
Some traffic laws for pedestrians

Do not jaywalk through vehicular traffic.
No camine entre el tráfico ni cruce sin precaución.

Cross the street at intersections or designated crosswalks.
Cruce la calle sólo en las esquinas o en los cruces
de peatones marcados.

Cross when the *Walk* sign is lit.
Cruce cuando la señal de *Camine* esté encendida.

Do not hitchhike.
No pida aventón.

Letreros
Signs

ONE WAY	DON'T WALK
(una sola vía)	(no cruce)

STOP	HIGHWAY
(alto)	(carretera)

Verbos relacionados
Related verbs

caminar	detenerse	mirar
walk	stop	look
uók	*stop*	*luk*
cruzar	esperar	tener cuidado
cross	wait	be careful
kros	*uéit*	*bi kérful*

Palabras, palabras, palabras
Words, words, words

acera, banqueta	cruce de caminos	luz roja
sidewalk	intersection	red light
sáiduók	*intersékshon*	*red láit*
agente de tránsito	cruce de peatones	luz verde
policeman, traffic agent	crosswalk	green light
polísman, tráfik éiyent	*krósuók*	*grin láit*
camine	cruzar entre los autos	peatón
walk	jaywalk	pedestrian
uók	*yéiuók*	*pedéstrian*
carretera	dirección	
road	direction	
róud	*dairékshon*	
chofer	licencia para conducir	
driver	driver's license	
dráiver	*dráivers láisens*	

Televisión (T.V.)   *Television (T.V.)*

Necesitará saber
You will need to know

Tune your T.V. to channel 15.
Tiún yur tívi tu chánel feftín.
Sintoniza tu televisor en el canal 15.

Our next program: *The days of our lives.*
Áur nékst prógram: Zda déis of áur láivs.
Nuestro siguiente programa: *Los días de nuestras vidas.*

Next on channel 4: —
Nekst on chánel for: —
A continuación en el canal 4: —

Tonight's late movie: —
Tunáits léit múvi: —
La película nocturna de hoy: —

Rating
(clasificación)

G For entire family
(para toda la familia)

PG Parental guidance suggested
(se sugiere la compañía de los padres)

R Mature audience
(para adultos)

Verbos relacionados
Related verbs

apagar	empezar	subir (volumen)
turn off	start, begin	turn up
tern of	*start, biguín*	*tern áp*
bajar (volumen)	encender	terminar
turn down	turn on	end, finish
tern dáun	*tern on*	*end, fénesh*
cambiar	gustar	ver
change	like	watch
chéinch	*láik*	*uátch*
continuar	oír	
continue	listen to, hear	
kontíniu	*lésen tu, jíer*	
disfrutar	sintonizar	
enjoy	tune	
enyói	*tiún*	

Expresiones cotidianas
Everyday language

Would you like to watch a movie on T.V.?
Uúd yu láik tu uátch a múvi on tí ví?
¿Te gustaría ver una película en la "tele"?

There is a good program today.
Zder es a gud prógram tudéi.
Hoy hay un buen programa.

I like to watch the baseball on T.V.
Ái láik tu uátch zda béisbol on tí ví.
Me gusta ver el beisbol en la "tele".

What is your favorite program?
Juát es yur féivrit prógram?
¿Cuál es tu programa favorito?

Palabras, palabras, palabras
Words, words, words

anfitrión
host
jóust

anfitriona
hostess
jóustes

botones
buttons
bátens

canal
channel
chánel

caricatura
cartoons
kartúns

comerciales
commercials
komérshals

continuación
continuation
kontinuéishon

control remoto
remote control
rimóut kontról

deportes
sports
sports

final
end
end

locutor
announcer
anáunser

mensajes
messages
mésayes

noticiario
news
niús

pantalla
screen
skrín

películas
films
felms

principio
beginning
biguíning

productos
products
pródokts

programa
program
prógram

programa musical
musical
miúsikal

programas para niños
children's programs
chéldrens prógrams

series
series
síris

telenovelas
soap operas
sóup óperas

volumen
volume
vólium

RELACIONES INTERPERSONALES
INTERPERSONAL RELATIONSHIPS

Al pedir disculpas   *Apologizing*

I'm sorry I'm late.
Áim sórri áim léit.
Siento llegar tarde.

I'm so sorry.
Áim sóu sórri.
Lo siento mucho.

Sorry, I couldn't call you.
Sórri, ái kúdent kol yu.
Lo siento, no pude llamarte.

I apologize.
Ái apóloyais.
Le ofrezco una disculpa.

Pardon me.
Párdon mi.
Discúlpeme.

Please accept my apologics.
Plís aksépt mái apóloyis.
Por favor, acepte mis disculpas.

Excuse me.
Ekskiús mi.
Perdón.

Citas   *Appointments*

Diálogos modelo
Model dialogues

A —Can I make an appointment with Mr. Smith for
next Thursday?
*Kan ái méik an apóinment uízd méster Smezd for nekst
zdérsdéi?*
¿Me podría dar una cita con el Sr. Smith para el jueves próximo?

B —Yes, certainly. What time do you want to come?
Iés, sértenli. Juát táim du yu uánt tu kom?
Por supuesto. ¿A qué hora desea venir?

A —At 10:30. Is that alright?
At ten zdéri. Es zdad olráit?
A las 10:30. ¿Está bien?

B —Yes. 10:30 is fine.
Iés. Ten zdéri es fáin.
Sí, a las 10:30 está bien.

A —I would like to make an appointment with you to show you our new product.
Ái uúd láik tu méik an apóinment uízd yu tu shóu yu áur niú pródokt.
Me gustaría hacer una cita con usted para presentarle nuestro nuevo producto.

B —What about Monday at 5 o'clock?
Juát abáut mándéi at fáiv oklók?
¿Qué le parece el lunes a las 5?

A —Fine. Monday at five, then.
Fáin, mándei at fáiv, zden.
Muy bien. Entonces el lunes a las cinco.

Necesitará saber
You will need to know

I want to make an appointment with —.
Ái uánt tu méik an apóinment uízd —.
Quiero hacer una cita con —.

Mr. X is not in town. He'll be back next Monday.
Méster X es not en táun. Jil bi bak nekst Mándéi.
El Sr. X está fuera de la ciudad; regresa el lunes.

Mr. X will see you Thursday afternoon at 2 o'clock.
Méster X uíl si yu zdérsdéi áfternun at tu oklók.
El Sr. X lo verá el jueves por la tarde, a las 2.

I would like to cancel my appointment for next Friday.
Ái uúd láik to kánsel mái apóinment for nekst fráidéi.
Quiero cancelar mi cita del próximo viernes.

Expresiones cotidianas
Everyday language

Hello!
Jélou!
¡Hola!

How do you do?
Jáu du yu du?
¿Cómo estás?

Nice to meet you.
Náis tu mit yu.
Gusto en conocerte.

How are you?
Jáu ar yu?
¿Cómo estás?

Very well.
Véri uél.
Muy bien.

Good-bye.
Gud-bái.
Adiós.

It was nice meeting you.
Et uós náis míting yu.
Me dio mucho gusto conocerte.

Thank you very much.
Zdenk yu véri moch.
Muchas gracias.

You are welcome.
Yu ar uélkom.
De nada.

Interacción social

Social interaction

Diálogos modelo
Model dialogues

A —Is this your first visit?
Es zdes yur ferst vésit?
¿Es la primera vez que viene?

B —No, we came here two years ago.
Nóu, uí kéim jíer tu iérs agóu.
No, estuvimos aquí hace dos años.

~~~~~~~~~~~

A —Do you like it here?
Du yu láik et jíer?
¿Le gusta este lugar?

B —Oh, yes. It's a nice place.
Óu, iés. Ets a náis pléis.
—Claro, es un lugar muy bonito.

~~~~~~~~~~~

A —Where are you staying?
Juér ar yu stéing?
¿En dónde se hospedan?

B —At the XX hotel.
At zda XX joutél.
En el hotel XX.

~~~~~~~~~~~~~~~

A —What do you do?
Juát du yu do?
¿A qué se dedica?

B —I'm a doctor.
Áim a dáktor.
Soy médico.

~~~~~~~~~~~~~~~

A —Do you travel a lot?
Du yu trável a lot?
¿Viaja mucho?

B —Yes, I do.
Iés, ái du.
—Sí, viajo mucho.

~~~~~~~~~~~~~~~

A —Are you here on business?
Ar yu jíer on bésnes?
¿Está aquí por negocios?

B —No, for pleasure.
Nóu, for pléshur.
No, estoy en viaje de placer.

~~~~~~~~~~~~~~~

A —Are you married?
Ar yu márrid?
¿Es casado?

B —No, I'm single.
Nóu, áim séngol.
No, soy soltero.

~~~~~~~~~~~~~~~

A —Do you have children?
Du yu jav chéldren?
¿Tienes hijos?

B —Yes, I have two.
Iés, ái jav tu.
Sí, tengo dos.

~~~~~~~~~~~~~~

A —How many children do you have?
Jáu méni chéldren du yu jav?
¿Cuántos hijos tiene?

B —A boy and a girl.
A bói and a guérl.
Un hijo y una hija.

~~~~~~~~~~~~~~

A —How old are your children?
Jáu óuld ar yur chéldren?
¿Qué edad tienen sus hijos?

B —Five and nine.
Fáiv and náin.
Cinco y nueve años.

~~~~~~~~~~~~~~

A —Where do you come from?
Juér du yu kom from?
¿De dónde eres?

B —From Mexico City.
From Méksikou Séri.
De la ciudad de México.

~~~~~~~~~~~~~~

A —Where are you from?
Juér ar yu from?
¿De dónde eres?

B —I'm from México City.
Áim from Méksikou Séri.
Soy de la ciudad de México.

~~~~~~~~~~

A —How long have you been here?
Jáu long jav yu bin jíer?
¿Cuánto tiempo ha estado aquí?

B —We arrived yesterday.
Uí arráivd iésterdéi.
Llegamos ayer.

Verbos relacionados
Related verbs

amar, querer
love
lov

casarse
get married
guét márrid

comprometerse
get engaged
guét enguéichd

conocerse
meet (each other)
mit

conversar
chat
chat

despedirse
say good-bye
séi gud-bái

disculparse
apologize
apóloyais

gustar
like
láik

hacer una cita
make a date
méik a déit

odiar
hate
jéit

pensar en
think of
zdenk of

presentar
introduce
éntrodius

quejarse
complain
kompléin

recordar
remember
rimémber

salir
go out
góu áut

saludar
greet
grit

simpatizar
get along
guét alóng

sonreír
smile
smáil

visitar
visit
véset

Invitaciones   *Invitations*

> ### Diálogos modelo
> ### *Model dialogues*

A —Would you like to go dancing?
Uúd yu láik tu góu dánsing?
¿Te gustaría ir a bailar?

B —I'd love to, thank you.
Áid lov tu, zdenk yu.
Me encantaría, gracias.

A —I'll pick you up at your hotel at 8:00.
Áil pek yu ap ut yur joutél at éit.
Paso por ti a tu hotel a las 8:00.

B —OK. See you then.
Óukéi. Si yu zden.
Está bien. Nos vemos.

~~~~~~~~~~

A —Let's go to the movies tonight.
Lets góu tu zda múvis tunáit.
Vamos al cine esta noche.

B —Sorry, I can't tonight. How about tomorrow?
Sórri, ái kant tunáit. Jáu abáut tumárrou?
Lo siento. No puedo hoy en la noche. ¿Qué tal si vamos mañana?

A —Alright. I'll call you up tomorrow.
Ólráit. Áil kol yu ap tumárrou.
Está bien. Te llamo mañana.

B —O.K. Bye bye.
Óukéi, bái bái.
Está bien. Adiós.

~~~~~~~~

A —I'd like to invite you to dinner at my house.
Áid láik tu enváit yu tu déner at mái jáus.
Me gustaría invitarte a cenar a mi casa.

B —Oh. I'd love to come. When?
Óu. Áid lov tu kom. Juén?
Me encantaría ir. ¿Cuándo?

A —Saturday at 7:00. Is that alright?
Sárurdéi at séven. Es zdad ólráit?
¿Está bien el sábado a las siete?

B —Oh, yes. That's fine. Do you want me to bring something?
Óu, iés. Zdads fáin. Du yu uánt mi tu breng sómzding?
Sí, está bien. ¿Quieres que lleve algo?

Necesitará saber
You will need to know

Would you like to have lunch with us?
Uúd yu láik tu jav lonch uízd as?
¿Le gustaría venir a comer con nosotros?

Can you come round for a drink?
Kan yu kom ráund for a drénk?
¿Puedes venir a tomar una copa?

I'll be delighted.
Áil bi diláited.
Me encantaría.

What shall we do this evening?
Juát shal uí du zdes ívning?
¿Qué haremos en la noche?

How about going to a night club?
Jáu abáut góing tu a náit klab?
¿Vamos a un centro nocturno?

I'm afraid I can't go.
Áim afréid ái kant góu.
Temo que no puedo ir.

That's very nice of you.
Zdads véri náis of yu.
Eres muy amable.

Shall we go to —?
Shal uí góu tu —?
¿Vamos a —?

It was a wonderful evening.
Et uós a uánderful ívning.
Fue una velada muy agradable.

Let's meet outside the theater/movies/stadium.
Lets mit áutsáid zda zdíater/múvis/stéidium.
Nos vemos afuera del teatro/cine/estadio.

Presentaciones   *Introductions*

Diálogos modelo
Model dialogues

A —Mary, this is Juan/my wife/my husband/my son/my daughter/my father.

Méri, zdes es Juan/mái uáif/mái jósband/mái son/mái dórer/mái fázder.

María, él es Juan/mi esposa/mi esposo/mi hijo/mi hija/mi padre.

B —How do you do?
Jáu du yu du?
¿Cómo estás?

C —Pleased to meet you.
Plísd tu mit yu.
Mucho gusto en conocerte.

A —Hello, I'm Robert. What's your name?
Jelóu, áim Róbert. Juáts yur néim?
Qué tal, soy Roberto. ¿Cómo te llamas?

B —Juan González. Nice to meet you.
Juan González. Náis tu mit yu.
Juan González. Gusto en conocerte.

~~~~~~~~~~~~~~~~

A —Hi. I'm Nancy.
Jái. Áim Nánsi.
Hola, soy Nancy.

B —Hi, I'm Lucy.
Jái, áim Lúsi.
Hola, soy Lucy.

A —Nice meeting you.
Náis mítin yu.
Gusto en conocerte

Expresiones cotidianas
Everyday language

Let me introduce you to my boss.
Let mi íntrodius yu tu mái bos.
Permíteme presentarte a mi jefe.

Have you met Susana?
Jav yu met Susána?
¿Conoces a Susana?

Saludos y despedidas   *Greetings and farewells*

Saludos   *Greetings*

Good morning.
Gud mórning.
Buenos días.

Good afternoon.
Gud áfternun.
Buenas tardes.

Good evening (al llegar).
Gud ívning.
Buenas noches.

Hello.
Jélou.
Hola.

Hi.
Jái.
Hola (informal).

Hi, how are you?
Jái, jáu ar yu?
Hola, ¿cómo estás?

Fine, thanks, and you?
Fáin, zdanks, and yu?
Bien, gracias. ¿Y tú?

~~~~~~~~~~

Well, hi, Charles! What are you doing here?
Uél, jái, Charls! Júat ar yu dúing jíer?
¡Hola, Carlos! ¿Qué estás haciendo aquí?

Hi, Dick. I came to visit —.
Jái, Dek. Ái kéim tu vésit —.
Hola, Dick. Vine a visitar a —.

Despedidas   *Farewells*

Good-bye.
Gud-búi.
Adiós.

Good night.
Gud náit.
Buenas noches.

See you.
Si yu.
Nos vemos.

See you later.
Si yu léirer.
Nos vemos después.

Have a nice day.
Jav a náis déi.
Que tenga un buen día.

Have a nice rest.
Jav a náis rest.
Que descanses.

Sweet dreams.
Suít drims.
Que duermas bien/Dulces sueños.

Until tomorrow.
Ántil tumárrou.
Hasta mañana.

See you soon.
Si yu sun.
Nos vemos pronto.

Hope to see you again.
Jóup tu si yu eguén.
Espero verte de nuevo.

RESTAURANTE *RESTAURANT*

Cafetería (para desayuno y comida informal) *Coffee shop*

A —Good morning. Coffee?
   Gud mórning. Kófi?
   Buenos días. ¿Una taza de café?

B —Yes, please.
   Iés, plís.
   Sí, por favor.

A —Ready to order?
   Rédi tu órder?
   ¿Gusta ordenar?

B —I'd like orange juice and a cheese omelet.
   Áid láik óranch yus and a chís ámelet.
   Jugo de naranja y omelet de queso.

Menú modelo
Model menu

JUICES
Yúses
Jugos

Orange (naranja)
Óranch

Grapefruit (toronja)
Gréipfrut

Tomato (tomate)
Toméirou

Apple (manzana)
Ápol

FRUIT
Frut
Fruta

Cantaloupe (melón)
Kánelup

Watermelon (sandía)
Uárermélon

Banana (plátano)
Banána

Grapefruit (toronja)
Gréipfrut

Fruit salad (ensalada de
fruta)
Frut sálad

EGGS
Egs
Huevos

Scrambled (revueltos)
Skrámbold

Fried with: (fritos con)
Fráid uízd:

Bacon (tocino)
Béikon

Sausage (salchicha)
Sósach

Ham (jamón)
Jam

Omelet (cheese, ham,
mushroom) Omelet (de
queso, jamón, champiñones)
Ámelet (chís, jam, máshrum)

[All served with toast and hash
browns]
(Todas las órdenes incluyen pan
tostado y papas fritas)

PANCAKES
Pánkéiks
Panqueques

Pancakes with bacon, ham, sausage (panqueques o "hot cakes" con tocino, jamón, salchicha)
Pánkéiks (uízd béikon, jam, sósach)
[served with honey and butter]
(servidos con miel y mantequilla)

PASTRY
Péistri
Pan/Pastas

Muffins (panqués)
Mófins

Danish pastry (pan danés)
Déinish péistri

Toast (pan tostado)
Tóust

CEREAL
Sírial
Cereal

Oatmeal, corn flakes, bran flakes (avena, hojuelas de maíz, hojuelas de salvado)
Óutmil, korn fléiks, bran fléiks

BEVERAGES
Bévraches
Bebidas

Coffee (café)
Kófi

Hot chocolate (chocolate caliente)
Jat chákleit

Tea (té)
Tí

Milk (leche)
Mélk

Continental breakfast
Kóntinental brékfast
Desayuno continental

Juice (jugo)
Yus

Muffins (panqués)	**Coffee** (café)
Mófins	*Kófi*
or	or
or	*or*
Danish pastry (pan danés)	**Tea** (té)
Déinish péistri	*Tí*

Cafetería de autoservicio *Self-service coffee shop*
(para comer o cenar temprano)   *(for lunch or early dinner)*

Diálogos modelo
Model dialogues

A —What do you have today?
Juát du yu jav tudéi?
¿Qué platillos tiene hoy?

B —Chicken, roast beef, meat balls, veal, pork, and fish.
Chéken, róust bif, mit bols, vil, pork and fesh.
Pollo, rosbif, albóndigas, ternera, puerco y pescado.

A —I'd like veal, please.
Áid láik vil, plís.
Ternera, por favor.

B —Would you like gravy?
Uúd yu láik gréivi?
¿Con salsa?

A —Just a little.
Yost a lítel.
Un poco.

B —What would you like with it? Vegetables or
mashed potatoes?
Juát uúd yu láik uízd et? Véchtabols or mashd potéirous?
¿Con qué lo quiere acompañar? ¿Verduras o puré de
papas?

A —Mashed potatoes.
Mashd potéirous.
Puré de papas.

~~~~~~~~~~~~~~~~~

A —May I have a soda?
Méi ái jav a sóuda?
¿Me da un refresco?

B —Here you are.
Jíer yu ar.
Aquí tiene.

A —And a cup of coffee, please.
And a kap of kófi, plís.
Y una taza de café, por favor.

B —Decaffenated?
Dikáfinéited?
¿Descafeinado?

A —No, thank you.
Nóu, zdenk yu.
No, gracias.

C —It's —.
Ets $ —.
Son $ —.

Necesitará saber
You will need to know

I'd like a glass of water, without ice.
Áid láik a glas of uárer, uízdáut áis.
Un vaso de agua sin hielo, por favor.

May I have more coffee?
Méi ái jav mor kófi?
¿Me da más café?

Excuse me, is this chair occupied?
Ekskiús mi, es zdes cher ókiupáid?
¿Está ocupada esta silla?

Can you call a taxi, please?
Kan yu kol a táksi, plís?
¿Puede llamar un taxi?

Encontrará
You will find

aderezo de ensalada
salad dressing
sálad drésing

azúcar
sugar
shúgar

bandeja
tray
tréi

baño para caballeros
men's room
mens rum

baño para damas
ladies'room
léidis rum

budín
pudding
púding

cajero, cajera
cashier
kashíer

capitán de meseros
headwaiter
jéduéiter

copa de vino
wine glass
uáin glas

crema
cream
krím

cuchara
spoon
spún

cucharita
teaspoon
tíspun

cuchillo
knife
náif

galletas saladas
crackers
krákers

guardarropa
checkroom
chékrum

mantequilla
butter
bárer

mayonesa
mayonaise
máiones

menú, carta
menu
méniu

mermelada
jelly
yéli

mesa
table
téibol

mesera
waitress
uéitres

mesero
waiter
uéiter

miel
honey
jáni

mostaza
mustard
móstard

mostrador
counter
káunter

orden
order
órder

pan
bread
bred

pasteles
cakes
kéiks

pimienta
pepper
péper

plato
plate
pléit

plato de taza
saucer
sóser

plato hondo
soup bowl
sup bóul

plato para ensalada
salad bowl
sálad bóul

postres
desserts
disérts

recepcionista
host, hostess
jóust, jóustes

refrescos
soft drinks, sodas
soft drénks, sóudas

sal
salt
solt

salsa de tomate
ketchup
kétchap

servilleta
napkin
nápken

silla
chair
cher

silla alta para bebé
high chair
jáicher

tartas
pies
páis

taza
cup
kap

tenedor
fork
fork

vaso para agua
water glass
uárer glas

Lonchería
(para una comida ligera
o un bocadillo)

Snack bar, Fast food

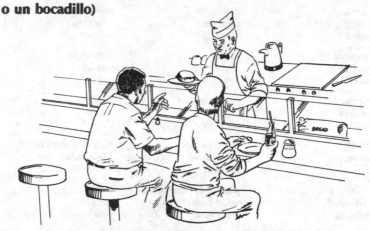

Diálogo modelo
Model dialogue

A —I'd like a cheeseburger and French fries.
    Áid láik a chísbérguer and french fráis.
    Quiero una hamburguesa con queso y papas fritas.

B —Alright.
    Ólráit.
    Está bien.

A —And a Coke.
    And a kóuk.
    Y un refresco de cola.

B —Large or small?
    Larch or smol?
    Grande o chico?

A —Medium.
    Mídium.
    Mediano.

A —How much is it?
Jáu moch es et?
¿Cuánto es?

B —It's $ —.
Ets $ —.
Son $ —.

Necesitará saber
You will need to know

I'd like my sandwich on toast.
Áid láik mái sánduich on tóust.
Quiero mi emparedado con pan tostado.

Do you have rye bread?
Du yu jav rái bred?
¿Tiene pan de centeno?

May I have the sugar/salt/ketchup/pepper/mustard?
Méi ái jav zda shúgar/solt/kétchap/péper/móstard?
¿Me trae azúcar/sal/salsa de tomate/pimienta/mostaza?

Encontrará
You will find

Sopas
Soups

caldo (de carne o
   verduras con pasta
   delgada)
broth
brozd

hongos
mushrooms
máshrums

pollo (con arroz)
chicken (with rice)
chéken (uízd ráis)

pollo
   (con macarrones)
chicken (with
   noodles)
chéken (uízd núdels)

pollo (con verduras)
chicken (with
   vegetables)
chéken (uízd véchtabols)

tomate
tomato
toméirou

Emparedados
Sandwiches

ensalada de atún
tuna salad
tiúna sálad

ensalada de huevo
egg salad
eg sálad

ensalada de pollo
chicken salad
chéken sálad

ensalada de papa
potato salad
potéirou sálad

hígado picado
chopped liver
chapd léver

jamón cocido
boiled ham
bóild jam

jamón horneado
baked ham
béikt jam

lengua
tongue
tong

pastrami
pastrami
pastrámi

pavo frío
cold turkey
kóuld térki

perro caliente
hot dog
jat dog

perro caliente con chile
chilidog
chílidog

queso americano
american cheese
amérikan chís

queso suizo
swiss cheese
suís chís

rosbif frío
cold roast beef
kóuld róust bíf

salami
salami
salámi

Hamburguesas
Hamburgers

hamburguesa
hamburger
jámberguer

hamburguesa de chili
chiliburger
chíliberguer

hamburguesa de
queso
cheese burger
chís bérguer

Ensaladas
Salads

ensalada de fruta
fruit salad
frut sálad

ensalada verde
green salad
grín sálad

Pizzas
Pizzas

anchoas
anchovy
ánchovi

hongos
mushrooms
máshrums

jamón y queso
ham and cheese
jam and chís

pepperoni
pepperoni
peperóni

queso
cheese
chís

salami
salami
salámi

Pastas
Pasta

canelones
cannelonni
kanelóni

fideos largos
spaghetti
spaguéri

fideos largos
(con albóndigas)
spaghetti
(with meat balls)
spaguéri (uízd mit bols)

lasaña
lasagna
lasaña

macarrón
macarroni
makarróni

ravioles
ravioli
ravióli

tallarines
fettuccini
fetuchíni

Órdenes separadas
Side orders

papas
potatoes
potéirous

papas fritas a la francesa
french fries
french fráis

papas fritas (hojuelas)
potato chips
potéirou cheps

pepinillos
pickles
pékels

Aderezos
Dressings

mayonesa
mayonaise
máiones

mostaza
mustard
móstard

salsa de tomate
ketchup
kétchap

Bebidas
Beverages

café
coffee
kófi

chocolate caliente
hot chocolate
jat chákleit

leche
milk
mélk

leche malteada
malted milk
mólted mélk

refrescos
(grande, mediano,
chico)
sodas, soft drinks
(large, medium,
small)
*sóudas, sóft drénks
(larch, mídium, smol)*

té
tea
tí

Postres
Desserts

donas
doughnuts
dónuts

helados
ice cream
áis krim

pasteles
cakes
kéiks

tartas
pies
páis

Restaurante formal   *Restaurant*

| Diálogos modelo |
| *Model dialogues* |

A —I want to make a reservation for three, please.
   Ái uánt tu méik a reservéishon for zdrí, plís.
   Quiero hacer una reservación para tres personas,
   por favor.

B —What time?
   Juát táim?
   ¿A qué hora?

A —At 7 tonight.
   At séven tunáit.
   Para hoy a las 7.

B —Your name, please.
   Yur néim, plís.
   Su nombre, por favor.

A —Sanchez.
   Sánchez.
   Sánchez.

B —Would you spell that, please?
Uúd yu spel zdad, plís?
¿Lo puede deletrear, por favor?

A —S-a-n-c-h-e-z.
Es-éi-én-sí-éich-í-zét.
S-á-n-c-h-e-z.

B —I'm confirming a dinner reservation at 7 this
evening, for a party of three.
*Áim honférming a déner reservéishon at séven zdes tvning
for a pári of zdrí.*
Está confirmada una mesa para tres, para esta noche
a las 7.

~~~~~~~~~~~~

A —Good evening. A table for two?
Gud tvning. A téibol for tu?
Buenas noches, ¿una mesa para dos personas?

B —Yes, please.
Iés, plís.
Sí, por favor.

A —Smoking or nonsmoking?
Smóuking or non smóuking?
¿Sección de fumar o de no fumar?

B —Nonsmoking.
Non smóuking.
No fumar.

A —This way, please.
Zdes uéi, plís.
Por aquí, por favor.

~~~~~~~~~~~~

A —Would you like to look at the menu?
Uúd yu láik tu luk at zda méniu?
¿Gustan ver el menú?

B —Yes, please.
   Iés, plís.
   Sí, por favor.

A —Are you ready to order?
   Ar yu rédi tu órder?
   ¿Desean ordenar?

B —Yes, I'll have roast chicken.
   Iés, áil jav róust chéken.
   Yo quiero pollo asado.

C —I'd like filet mignon, medium rare.
   Áid láik filé miñón, mídium rer.
   Yo quiero filete mignon, término medio.

A —Anything to drink?
   Énizding tu drénk?
   ¿Qué desean beber?

B —A light beer.
   A láit bíer.
   Una cerveza clara.

C —I'll have a glass of white wine.
   Áil jav a glas of juáit uáin.
   Para mí una copa de vino blanco.

A —Is everything alright?
   Es évrízding ólráit?
   ¿Está todo bien?

B —Please bring some more bread.
   Plís breng som mor bred.
   Por favor traiga más pan.

A —Do you care for a dessert?
   Du yu ker for a disért?
   ¿Apetecen un postre?

B —Yes, a chocolate cake and coffee.
Iés, a chákleit kéik and kófi.
Sí, pastel de chocolate y café.

C —Just coffee.
Yost kófi.
Café solamente.

B —May I have the check?
Méi ái jav zda chek?
La cuenta, por favor.

A —Certainly.
Sértenli.
Por supuesto.

Necesitará saber
You will need to know

How would you like your meat?
Jáu uúd yu láik yur mit?
¿Cómo quiere la carne?

Well done/medium well/medium rare/rare.
Uél don/mídium uél/mídium rer/rer.
Bien cocida/término medio/medio cruda/muy cruda.

Excuse me, what's the soup of the day?
Ekshiús mi, juáts zda sup of zda déi?
Disculpe, ¿cuál es la sopa del día?

Mushroom soup.
Máshrum sup.
Sopa de hongos.

What kind of dressing do you want?
Juát káind of drésing du yu uánt?
¿Qué aderezo quiere para su ensalada?

French/Russian/vinegar and oil.
French/Róshan/vénegar and óil.
Francés/ruso/aceite y vinagre.

Do you have fish?
Du yu jav fesh?
¿Tiene pescado?

Yes, we have fish filet.
Yes, uí jav fesh filé.
Sí, tenemos filete de pescado.

What's the house wine?
Juáts zda jáus uáin?
¿Cuál es el vino de la casa?

Can you bring me another beer, please?
Kan yu breng mi anózder bíer, plís?
Puede traerme otra cerveza, por favor?

I'm sorry, we are full. Can you wait?
Áim sórri, uí ar ful. Kan yu uéit?
Lo siento, no tenemos mesa. ¿Puede esperar?

How many in your party?
Jáu méni en yur pári?
¿Cuántas personas son?

Would you like to check your coat?
Uúd yu láik tu chek yur kóut?
¿Gusta dejar su abrigo en el guardarropa?

Is service included?
Es sérvis enklúded?
¿Está incluida la propina/el servicio?

We are waiting for a table.
Uí ar uéiring for a téibol.
Estamos esperando que se desocupe una mesa.

MENÚ

MENU

SOPAS
SOUPS

Soup of the day (sopa del día)
Sup of zda déi

Onion (cebolla)
Ónion

Seafood (mariscos)
Sífud

Clam chowder (sopa de almeja)
Klam cháuder

Asparagus (espárragos)
Aspáragos

Chicken (pollo)
Chéken

ENSALADAS
SALADS

Green salad (ensalada verde)
Grín sálad

Lettuce and tomato (lechuga y jitomate)
Léros and toméirou

Shrimp salad (ensalada de camarones)
Shremp sálad

Cottage cheese salad (ensalada de requesón)
Kátach chís sálad

ADEREZOS
DRESSINGS

French (francés)
French

Roquefort (Roquefort)
Rókefort

Italian (italiano)
Itálian

Russian (ruso [mayonesa, catsup y especies])
Róshan

PESCADOS Y MARISCOS
FISH AND SEAFOOD

Trout (trucha)
Tráut

Broiled shrimp (camarón asado [a
las brasas])
Bróild shremp

Lobster (langosta)
Lábster

Cray fish (langostino)
Kréi fesh

Sole (filete sol)
Sóul

Shrimp quiche (quiché de
camarones)
Shremp quish

Seafood crepe (crepas de mariscos)
Sífud krép

Broiled salmon (salmón asado)
Bróild sálmon

CARNE
MEAT

Baked ham (jamón horneado)
Béikt jam

Roast lamb (cordero asado)
Róust lamb

Rib eye (costilla)
Rébai

Sirloin (solomillo)
Sérloin

Roast chicken (pollo asado)
Róust chéken

Steak (filete)
Stéik

Pork chop (chuleta de puerco)
Pork chop

(All meats include vegetables or
potato and salad)
(Las carnes vienen acompañadas
de verduras o papa y ensalada)

POSTRES
DESSERTS

Apple pie (tarta de manzana)
Ápol pái

Cheese cake (pastel de queso)
Chís kéik

Chocolate cake (pastel de chocolate)
Chákleit kéik

Cheese plate (plato de queso)
Chís pléit

Fruit plate (plato de frutas)
Frut pléit

Ice cream (vanilla, chocolate, strawberry) (helados, vainilla, chocolate, fresa)
Aís krím (vanéla, chákleit, stróbérri)

BEBIDAS
BEVERAGES

Fruit juice (jugo de frutas)
Frut yus

Coffee (café)
Kófi

Milk (leche)
Mélk

Tea (té)
Tí

Soft drinks (refrescos)
Soft drenks

Beer (cerveza)
Bíer

Wine (vino)
Uáin

POR SEPARADO:
SIDE ORDERS:

Baked potato (papa al horno)
Béikt potéirou

Fresh vegetables (verdura fresca)
Fresh véchtabols

French fries (papas fritas a la francesa)
French fráis

Encontrará
You will find

aderezo de ensalada
salad dressing
sálad drésing

azúcar
sugar
shúgar

bandeja
tray
tréi

budín
pudding
púding

cajero (a)
cashier
kashíer

capitán de meseros
headwaiter
jeduéiter

copa de vino
wine glass
uáin glas

crema
cream
krím

cuchara
spoon
spun

cucharita
teaspoon
tíspun

cuchillo
knife
náif

galletas saladas
crackers
krákers

guardarropa
checkroom
chékrrum

mantequilla
butter
bárer

menú, carta
menu
méniu

mermelada
jelly, jam
yéli, yam

mesa
table
téibol

mesera
waitress
uéitres

mesero
waiter
uéiter

miel
honey
jáni

mostrador
counter
káunter

pan
bread
bred

pasteles
cakes
kéiks

pimienta
pepper
péper

plato
plate
pléit

plato de taza
saucer
sóser

plato hondo
soup bowl
sup bóul

plato para ensalada
salad bowl
sálad bóul

postres
desserts
disérts

recepcionista (en un
restaurante)
host, hostess
jóust, jóustes

refrescos
soft drinks, sodas
soft drénks, sóudas

sal
salt
solt

servilleta
napkin
nápken

silla
chair
cher

silla alta para bebé
high chair
jái cher

tartas
pies
páis

taza
cup
kap

tenedor
fork
fork

vaso para agua
water glass
uárer glas

SALÓN DE BELLEZA *BEAUTY PARLOR*

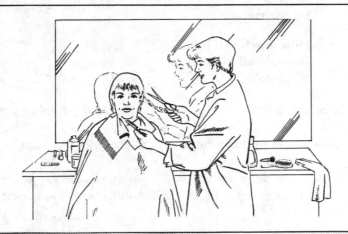

A —Good morning, do you have an appointment?
Gud mórning, du yu jav an apóinment?
Buenos días, ¿tiene cita?

B —Ycs, I have one at 9 o'clock. My name is —.
Iés, ái jav uán at náin oklók. Mái néim es —.
Sí, para las 9. Me llamo —.

A —Sure, do yo want your hair cut?
Shur, du yu uánt yur jer kat?
Bien, ¿desea cortarse el pelo?

B —Yes, please, but I don't want it too short. Just trim it.
Iés, plís, bot ái dóunt uánt et tu short. Yost trem et.
Sí, por favor, pero no lo quiero muy corto; sólo recorte las puntas.

A —Do you want a shampoo too?
Du yu uánt a shampú tu?
¿Quiere que le laven el cabello?

B —Yes, please.
Iés, plís.
Sí, por favor.

A —How much will it be?
Jáu moch uíl et bi?
¿Cuánto es?

En la peluquería   *At the barber shop*

A —Please sit down here, Mr. X. How do you want
your hair cut?
Plís set dáun jíer, Méster X . Jáu du yu uánt yur jer kat?
Siéntese aquí, Sr. X . ¿Cómo desea que le corten el
cabello?

B —Short in front but not too short and trim the sides
a little, please.
Short en front bot not tu short and trem zda sáids a lítel, plís.
Corto al frente pero no demasiado, y recorte los la-
dos un poco, por favor.

A —Do you want a shave?
Du yu uánt a shéiv?
¿Quiere que lo rasure?

B —No, thank you.
Nóu, zdenk yu.
No, gracias.

Encontrará
You will find

acondicionador
conditioner
kondíshoner

agua caliente
hot water
jat uárer

barbería
barber shop, barber's
bárber shop, bárbers

barbero, peluquero
barber
bárber

bata
robe
róub

cepillo
brush
brash

crema de afeitar
shaving cream
shéiving krím

champú
shampoo
shampú

depilación con cera
waxing
uáksing

espejo
mirror
mérror

gorra
shower cap
sháuer kap

guantes
gloves
glóuvs

horquilla
hair pin
jer pen

jabón
soap
sóup

maquillaje
makeup
mékap

mascarilla
mask
mask

navaja
knife
náif

navaja de afeitar
razor
réizor

ondulado permanente
permanent wave
pérmanent uéiv

peinado
hairdo
jérdu

peinador(a)
hairdresser
jérdreser

peine
comb
kóumb

peluca
wig
uíg

rulo
roller
róler

salón de belleza
beauty shop, beauty
    parlor
bíuri shop, bíuri párlor

secadora de pelo
hair dryer
jer dráier

silla
chair
cher

tijeras
scissors
sésors

tinte
tint
tent

toalla
towel
táuel

tratamiento para el
    cabello
hair treatment
jer trítment

Complete hair care
(tratamiento completo
para el cabello)

Hair cut
(corte de pelo)

Manicure
(manicure)

Pedicure
(pedicure)

Facials
(tratamiento facial)

Makeup
(maquillaje)

Eyelashes
(pestañas postizas)

Eyebrow tint
(tinte de cejas)

Waxing
(depilación con cera)

Electrolysis
(electrólisis)

Hair dying
(tinte de cabello)

Perm
(permanente)

Hairdo
(peinado)

Mask
(mascarilla)

Verbos relacionados
Related verbs

afeitar	hacer permanente	rizar
shave	perm	curl
shéiv	*perm*	*kerl*
cortar	lavar	teñir
cut	wash	dye
kat	*uásh*	*dái*
depilar (con cera)	peinar	
wax	to style the hair	
uáks	*tu stáil zda jer*	
despuntar	pintar las uñas	
trim	polish the nails	
trem	*pólish zda néils*	

Expresiones cotidianas
Everyday language

Sit here, please.
Set jíer, plís.
Siéntese aquí, por favor.

How do you like your hair?
Jáu du yu láik yur jer?
¿Cómo le gusta que le arreglen el cabello?

I want a hair cut/a perm/a shampoo.
Ái uánt a jér kat/a perm/a shampú.
Quiero que me corten el pelo/permanente/que me
laven el cabello.

Don't cut it too short.
Dóunt kat et tu short.
No me lo deje muy corto.

Can you trim my moustache?
Kan yu trem mái mostách?
¿Me puede recortar el bigote?

SERVICIOS PÚBLICOS
PUBLIC SERVICES

Correo   *Mail*

En la oficina de correos   *At the post office*

> ### Diálogos modelo
> ### *Model dialogues*

A —Yes, madam.
   Iés, mádam.
   Sí, señora.

B —I'd like to send this letter to Mexico, airmail, please.
   Áid láik tu send zdes lérer tu Méksikou, érmeil, plís.
   Quiero enviar esta carta a México por correo aéreo,
   por favor.

A —Right. That will be 25 cents (a quarter).
   Ráit. Zdad uíl bi tuéni fáiv sents (a kuárer).
   Bien, son 25 centavos (un cuarto).

B —Here you are.
Jíer yu ar.
Aquí tiene.

A —Thank you.
Zdenk yu.
Gracias.

━━━━━━━━

A —Two stamps for postcards, please.
Tu stamps for póustkards, plís.
Dos estampillas para tarjetas postales, por favor.

B —Where to?
Juér tu?
¿Para dónde?

A —To Mexico.
Tu Méksikou.
Para México.

B —Airmail?
Érmeil?
¿Por correo aéreo?

A —Yes, by airmail.
Iés, bái érmeil.
Sí, por correo aéreo.

B —Here are you.
Jíer yu ar.
Aquí tiene.

━━━━━━━━

A —I'd like to send this letter to Mexico.
Áid láik tu send zdes lérer tu Méksikou.
Deseo enviar esta carta a México.

B —Pass it through the window. I'll weight it for you. That's 50 cents.
Pas et zdru zda uíndou. Áil uéi et for yu. Zdads féfti sents.
Pásela por la ventanilla para pesarla. Son 50 centavos.

A —How much does it cost to send it by registered airmail?
Jáu moch dos et kost tu send et bái réyisterd érmeil?
¿Cuánto cuesta mandarla por correo aéreo certificado?

B —70 cents more.
Séventi sents mor.
70 centavos más.

A —I'd like to register it, then.
Áid láik to réyister et, zden.
Quisiera certificarla, por favor.

B —Alright. Here is your receipt.
Ólráit. Jíer es yur risít.
Muy bien. Aquí tiene su recibo.

A —Thank you.
Zdenk yu.
Gracias.

~~~~~~~~~

A —I'd like to send this parcel to Mexico, please.
Áid láik tu send zdes pársel tu Méksikou, plís.
Quiero mandar este paquete a México, por favor.

B —Put it on the scale, please.
Put et on zda skéil, plís.
Póngalo en la balanza, por favor.

A —It weighs 3 pounds. That will be 5 dollars.
Et uéis zdrí páunds. Zdad uíl bi fáiv dólars.
Pesa 3 libras, son 5 dólares.

B —Here you are.
Jíer yu ar.
Aquí tiene.

A —Here is your change. What's in the parcel?
Jiér es yur chéinch. Juáts en zda pársel?
Aquí tiene su cambio. ¿Qué hay en el paquete?

B —Some presents for my family.
Som présents for mái fámili.
Regalos para mi familia.

A —You'll have to fill out one of these slips for Customs.
Yul jov tu fel óut uán of rdis sleps for hóstums.
Tendrá que llenar una de estas formas para la
Aduana.

B —Alright.
Ólráit.
Bien.

Letreros
Signs

LETTERS AND POSTCARDS

(cartas y tarjetas postales)

PARCELS

(paquetes)

SMALL PACKETS

(paquetes pequeños)

SURFACE MAIL TO:

(correo terrestre a:)

ALL COUNTRIES

(todos los países)

AIRMAIL OUTSIDE THE U.S.A.

(correo aéreo fuera de Estados Unidos)

FIRST CLASS MAIL

(correo de primera clase)

MAIL BOX

(buzón)

NO POSTAGE NECESSARY IF MAILED IN THE U.S.A.

(no se requiere estampilla si se envía dentro de Estados Unidos)

Encontrará
You will find

apartado postal	certificación	empleado
P.O. Box	registration	clerk
pí óu boks	*reyistréishon*	*klerk*
balanza	correo aéreo	estampillas
scale	airmail	stamps, postage stamps
skéil	*érmeil*	*stamps, póustach stamps*
buzón	correo de primera	pegamento
mail box	clase	glue
méil boks	first class mail	*glu*
	ferst klas méil	
carta		
letter	correo terrestre	
lérer	surface mail	
	sérfes méil	

Verbos relacionados
Related verbs

cobrar
charge, collect
charch, kolékt

enviar por correo
mail
méil

pesar
weigh
uéi

depositar
deposit
dipósit

envolver
wrap
rap

registrar
register
réyister

empacar
pack
pak

pagar
pay
péi

sellar
seal
sil

enviar
send
send

pegar
glue, paste, stick on
glu, péist, stek on

Expresiones cotidianas
Everyday language

Four stamps, please.
For stamps, plís.
Cuatro estampillas, por favor.

I'd like to send this letter to xx.
Áid láik tu send zdes lérer tu xx.
Quiero enviar esta carta a xx.

You'll need four stamps.
Yul nid for stamps.
Necesita cuatro estampillas.

Información turística   *Tourist information*

Diálogos modelo
Model dialogues

A —May I help you?
  Méi ái jelp yu?
  ¿Puedo ayudarle?

B —Yes, please. I would like to stay in an inexpensive hotel.
  Iés, plís. Ái uúd láik tu stéi en an inekspénsiv joutél.
  Sí, por favor. Me gustaría hospedarme en un hotel económico.

A —Here is a list of prices. How much do you want to spend?
  Jíer es a lest of práises. Jáu moch du yu uánt tu spend?
  Aquí tiene una lista de precios. ¿Cuánto desea gastar?

B —Not more than 30 dollars.
  Not mor <u>zd</u>an zdéri dólars.
  No más de treinta dólares.

A —The "Green" hotel will do. It's nice, it's downtown and the rate is 28 dollars per night.
  <u>Zd</u>a "Grín" joutél uíl du. Ets náis, ets dáuntáun and zda réit es tuéni éit dólars per náit.

El hotel "Verde" es el más indicado. Es agradable, está en el centro de la ciudad y cuesta 28 dólares por noche.

B —Thank you.
Zdenk yu.
Gracias.

~~~~~~~~~~~~~~~~

A —Excuse me, do you have a map of the city?
Ekskiús mi, du yu jav a map of zda séri?
Disculpe, ¿tiene un mapa de la ciudad?

B —Yes, of course. Here you are.
Iés, of kors. Jíer yu ar.
Desde luego, aquí lo tiene.

A —Excuse me, can you tell me where the X Museum is?
Ekskiús mi, kan yu tel mi juér zda x miusíem es?
Perdone, ¿podría decirme dónde está el museo X?

B —It's two blocks from here, on this street.
Ets tu bloks from jíer, on zdes strít.
Está a dos cuadras de aquí, sobre la misma calle.

Expresiones cotidianas
Everyday language

Can you give me some information, please?
Kan yu guév mi som informéisłon, plis?
¿Me puede dar información, por favor?

Do you speak Spanish?
Du yu spík spánish?
¿Habla español?

I've never been here.
Áiv néver bín jíer.
No conozco este lugar.

Autobús *Bus*

> ## Diálogos modelo
> ### *Model dialogues*

En la parada de autobuses *At the bus stop*

A —Excuse me, does this bus stop at XX street?
Ekskiús mi, dos zdes bas stop at XX strít?
Disculpe, ¿me deja este autobús en la calle XX?

B —No, you should take bus number 73.
Nóu, yu shud téik bas nómber séventi zdrí.
No, tiene que tomar el autobús número 73.

A —Thank you.
Zdenk yu.
Gracias.

B —You're welcome.
Yur uélkom.
De nada.

En el autobús

On the bus

A —How much is it?
Jáu moch es et?
¿Cuánto es?

B —75 cents.
Séventi fáiv sents.
75 centavos.

A —I don't have any change.
Ái dóunt jav éni chéinch.
No tengo cambio.

B —Sorry, you must have the exact change.
Sórri, yu must jav zdi eksákt chéinch.
Lo siento, debe tener el cambio exacto.

A —Do I have to get off?
Du ái jav tu guét of?
¿Tengo que bajarme?

B —Yes, I'm really sorry.
Iés, áim ríli sórri.
Sí, lo siento mucho.

A —Excuse me, does anyone have change for a one
dollar bill?
Ekskiús mi, dos éniuán jav chéinch for a uán dólar bil?
Disculpen, ¿alguno de ustedes tiene cambio de un billete de un dólar?

C —Here you are.
Jíer yu ar.
Aquí tiene.

A —Thank you!
Zdenk yu.
¡Gracias!

You will need to know
Necesitará saber

Where is the bus stop?
Juér es zda bas stop?
¿Dónde está la parada del autobús?

Walk two blocks and turn right.
Uók tu bloks and tern ráit.
Camine dos cuadras y dé vuelta a la derecha.

How often do buses stop here?
Jáu ofen du báses stop jíer?
¿Cada cuándo pasan los autobuses?

Every 15 minutes.
Évri fiftín mínets.
Cada 15 minutos.

Stand in line.
Stand en láin.
Permanezca en la fila.

Wait for the bus.
Uéit for zda bas.
Espere el autobús.

Wait for the bus to stop.
Uéit for zda bas tu stop.
Espere que el autobús se detenga.

The bus just left.
Zda bas yost left.
El autobús acaba de pasar.

Ring the bell.
Reng zda bel.
Toque el timbre.

Don't speak to the driver.
Dóunt spik tu zda dráiver.
No distraiga al conductor.

Letreros
Signs

NO. 146 M.M. BUS ROUTE

(ruta de autobús No. 146 M.M.)

CONVENIENT DIRECT SERVICE

(servicio directo)

BETWEEN M. AVENUE AND 8TH STREET

(entre avenida M y calle 8)

SERVICE EVERYDAY 7 A.M. TO 8 P.M.

(servicio diario de 7 a.m.
a 8 p.m.)

FARE 90 C ADULTS 40 C CHILDREN

(tarifa 90 c adultos 40 c niños)

**SENIORS AND DISABLED WITH
SPECIAL USERS' TRAVEL CARD**

(ancianos y minusválidos con la tarjeta
de usuarios especiales)

**DRIVERS DO NOT CARRY CASH
AND CANNOT GIVE CHANGE**

(los conductores no traen efectivo
y no pueden dar cambio)

WATCH YOUR STEP

(pise con cuidado)

Verbos relacionados
Related verbs

bajarse	pedir parada	tener cambio
get off	ring	have change
guét of	*reng*	*jav chéinch*
esperar	sentarse	
wait	sit down	
uéit	*set dáun*	
parar	subirse	
stop	get on	
stop	*guét on*	

Palabras, palabras, palabras
Words, words, words

autobús	conexión	ruta de autobús
bus	connection	bus route
bas	*konékshon*	*bas rut*
autobús número X	parada	servicio de autobús
bus number X	stop	bus service
bas nómber X	*stop*	*bas sérvis*
conductor	parada de autobús	
driver	bus stop	
dráiver	*bas stop*	

Expresiones cotidianas
Everyday language

Your stop, ma'am/sir!
Yur stop, mam/sør!
¡Su parada, señora/señor!

I've got to catch the bus!
Áiv got tu katch zda bas!
¡Tengo que tomar el autobús!

Go ahead.
Góu ajéd.
Pase usted.

Taxi

Taxicab

Diálogos modelo
Model dialogues

A —Where can I get a taxi?
Juér kan ái guét a táksi?
¿Dónde puedo encontrar un taxi?

B —At the next corner.
At zda nékst kórner.
En la próxima esquina.

～～～～～～～～

A —Please take me to XX hotel.
Plís téik mi tu XX joutél.
Por favor, lléveme al hotel XX.

B —Alright.
Ólráit.
Muy bien.

A —What's the fare?
Juáts zda fer?
¿Cuánto es?

B —5 dollars.
Fáiv dólars.
Cinco dólares.

~~~~~~~~~~~~~~~~

A —What's the fare to the Zoo?
Juáts zda fer tu zda zu?
¿Cuál es la tarifa al zoológico?

B —About 2 dollars.
Abáut tu dólars.
Dos dólares, aproximadamente,

A —Please take me there.
Plís téik mi zder.
Por favor, lléveme.

Necesitará saber
You will need to know

Can you get me a taxi, please?
Kan yu guét mi a táksi, plís?
¿Puede llamar un taxi, por favor?

Take me to —.
Téik mi tu —.
Lléveme a —.

What's the fare to —?
Juáts zda fer tu —?
¿Cuál es la tarifa a —?

How far is XX from here?
Jáu far es XX from jíer?
¿Está muy lejos XX de aquí?

Does it take too long to get to —?
Dos et téik tu long tu guét tu —?
¿Toma mucho tiempo llegar a —?

Will you please turn the air conditioning off?
Uíl yu plís tern zdi er kondíshoning of?
¿Puede apagar el aire acondicionado, por favor?

I'm in a hurry.
Áim en a jérri.
Tengo prisa.

Please stop here.
Plís stop jíer.
Por favor, deténgase aquí.

Could you wait for me?
Kud yu uéit for mi?
¿Puede esperarme?

Verbos relacionados
Related verbs

bajar del auto	llevar prisa	parar
get out of the car	to be in a hurry	stop
guét áut of zda kar	*tu bí en a jérri*	*stop*
dar propina	manejar	subirse al auto
to tip	drive	get into the car
tu tep	*dráiv*	*guét into zda kar*

Palabras, palabras, palabras
Words, words, words

asiento	propina	taxímetro
seat	tip	meter
sit	*tep*	*mírer*
cambio (de dinero)	puerta	ventanilla
change	door	window
chéinch	*dor*	*uíndou*
conductor	tarifa	
driver	fare	
dráiver	*fer*	

Transporte subterráneo   *Subway*

Diálogos modelo
Model dialogues

A —Excuse me, where is the subway station?
   Ekskiús mi, juér es zda sábuei stéishon?
   Disculpe, ¿dónde está la estación del metro?

B —Right on the corner. Look at the sign.
   Ráit on zda kórner. Luk at zda sáin.
   Aquí en la esquina, mire el letrero.

A —Oh, thank you!
   Óu, zdenk yu!
   ¡Ah, gracias!

A —Can I buy the tickets here?
   Kan ái bái zda tíkets jíer?
   ¿Puedo comprar los boletos aquí?

B —Yes, how many do you want?
   Iés, jáu méni du yu uánt?
   Sí, ¿cuántos quiere?

A —Five, please.
Fáiv, plís.
Cinco, por favor.

B —Here you are. It's $ —.
Jíer yu ar. Ets $ —.
Aquí tiene. Son $ —.

~~~~~~~~~~~~~

A —Which line goes to the south of the city?
Juích láin góes tu zda sáuzd of zda séri?
¿Qué línea va al sur de la ciudad?

B —Line two.
Láin tu.
La línea dos.

Letreros
Signs

TO LINE ONE	**PULL ONLY IN CASE OF EMERGENCY**
(a la línea uno)	(jale en caso de emergencia)

EXIT	**ENTRANCE**
(salida)	(entrada)

EMERGENCY HANDLE	**NO TRESPASSING**
(palanca de emergencia)	(no pase)

NEXT TRAIN TO —	NO LITTERING
(próximo tren a —)	(no tire basura)

Encontrará
You will find

andén	estaciones	señalamientos
platform	stations	signals
plátform	*stéishons*	*signals*
banca	mapa del metro	taquilla
bench	subway map	ticket office
bench	*sábuei map*	*tíket ófis*
escaleras	palanca de emergencia	tienda
stairs	emergency handle	shop
sters	*eméryensi jándel*	*shop*
escaleras eléctricas	policía	tren
scalators	policeman	train
skaléitors	*polísman*	*tréin*

Expresiones cotidianas
Everyday language

Which line takes me to —?
Juích láin téiks mi tu —?
¿Qué línea me lleva a —?

Wait for the next train.
Uéit for zda nekst tréin.
Espere el próximo tren.

Let people out first.
Let pípol áut ferst.
Antes de entrar permita que salga la gente.

Verbos relacionados
Related verbs

apretar
squeeze
skuís

bajar
go down
góu dáun

correr
run
ron

pararse
stand up
stand ap

salir
get out
guét áut

ser paciente
be patient
bi péishent

subir las escaleras
go up the stairs
góu ap zda sters

TELÉFONO   *TELEPHONE*

Llamada de larga distancia   *Long distance call*

A —Operator.
   Óperéitor.
   Operadora, a sus órdenes.

B —I want to make a long distance call to Tampico,
   Mexico.
   Ái uánt tu méik a long déstans kol tu Tampíkou, Méksikou.
   Quiero hacer una llamada de larga distancia a Tam-
   pico, México.

A —What number?
   Juát nómber?
   ¿A qué número?

B —Two four six nine one.
   Tu for seks náin uán.
   Dos cuatro seis nueve uno.

A —Charge or collect?
Charch or kolékt?
¿A su cargo o por cobrar?

B —Collect.
Kolékt.
Por cobrar.

A —Who's calling?
Jus kóling?
¿Quién llama?

B —Juan González.

A —Just a moment, Mr. González.
Yost a móument, méster González.
Un momento por favor, Sr. González.

Llamada de negocios   *Business call*

A —Hello, this is four four four four.
Jélou, zdes es for for for for.
Bueno, cuatro, cuatro, cuatro, cuatro.

B —Mr. Smith, please.
Méster Smezd, plís.
Con el señor Smith, por favor.

A —Who's calling?
Jus kóling?
¿Quién le llama?

B —This is Mr. Sanchez from "Green" Company.
Zdes es méster Sánchez from Grín kómpani.
El señor Sánchez de la Compañía "Verde".

A —Hold on, please.
Jóuld on, plís.
Espere un momento, por favor.

Llamada personal   *Personal call*

A —Hello.
   Jélou.
   Bueno.

B —Hello, Mary. This is Juan.
   Jélou, Méri, zdes es Juan.
   Hola, Mary. Habla Juan.

A —Hi, Juan. How are you?
   Jái, Juan. Jáu ar yu?
   Hola, Juan. ¿Cómo estás?

B —Fine, thanks. Do you want to go to the movies tonight?
   Fáin, zdanks. Du yu uánt tu góu tu zda múvis tunáit?
   Bien, gracias. ¿Quieres ir al cine hoy en la noche?

A —Sure, what time does it start?
   Shur, juát táim dos et start?
   Claro. ¿A qué hora empieza la función?

B —At 7:00. I'll pick you up at 6:30.
   At séven. Áil pek yu ap at seks zdéri.
   A las siete. Paso por ti a las 6:30.

A —That's fine.
   Zdads fáin.
   Está bien.

Llamada para   *Requesting information*
pedir informes   *by phone*

A —Good morning, camera shop.
   Gud mórning, kámera shop.
   Buenos días, fotografía.

B —Hello. Can I speak to Mr. Shelby, please?
   Jélou. Kan ái spik tu méster Shélbi, plís?
   Hola. ¿Me puede comunicar con el señor Shelby?

A —This is Mr. Shelby speaking.
Zdes es méster Shélbi spíking.
Habla el señor Shelby.

B —Hello, Mr. Shelby. This is Mrs. Rosales. I'm calling about my photographs. Are they ready?
Jélou, méster Shélbi. Zdes es Méses Rosales. Áim kóling abáut mái fóutóugrafs. Ar zdéi rédi?
Hola, Sr. Shelby. Habla la señora Rosales. Le llamo para saber si ya están listas mis fotografías.

A —Just a minute, please. Yes, they are ready.
Yost a mínet, plís. Iés, zdéi ar rédi.
Un momento, por favor. Sí, ya están listas.

B —Good, thank you.
Gud, zdenk yu.
Muy bien, gracias.

Necesitará saber
You will need to know

Speak slowly. I don't understand.
Spik slóuli. Ái dóunt ánderstand.
Hable despacio, no le entiendo.

Please try again.
Plís trái eguén.
Vuelva a marcar, por favor.

There is a collect call for Mr. —. Do you accept the charge?
Zder es a kolékt kol for méster —. Du yu aksépt zda charch?
Hay una llamada por cobrar para el señor —. ¿Acepta el cargo?

Your name, please.
Your néim, plís.
Su nombre, por favor.

Your call is ready.
Yur kol es rédi.
Su llamada está lista.

May I use your phone?
Mei ái iús yur fóun?
¿Puedo usar su teléfono?

What's the area code?
Juáts zdi éria kóud?
¿Cuál es la clave?

International Operator.
Enternáshonal óperéitor.
Operadora internacional.

I want to make a person to person call.
Ái uánt tu méik a pérson tu pérson kol.
Quiero una llamada de persona a persona.

The lines are busy; please call later.
Zda láins ar bísi; plís kol léirer.
Las líneas están ocupadas, llame más tarde, por favor.

Wrong number.
Rong nómber.
Número equivocado.

What's your phone number?
Juáts yur fóun nómber?
¿Cuál es tu número telefónico?

The number you dialed is out of order.
Zda nómber yu dáiald es áut of órder.
El número que marcó está fuera de servicio.

Is this —?
Es zdes —?
¿Habla —?

Al llamar de un teléfono público
Calling from a public telephone

Deposit coin
Deposite la moneda o monedas

Wait for dial tone
Espere el tono de marcar

Dial the number you want
Marque el número que desee

For operator assistance, dial 0
Marque el 0 para pedir ayuda a la operadora

Coin return
Devolución de monedas

Verbos relacionados
Related verbs

aceptar	esperar (en el teléfono)	recordar
accept	hold on	remember
aksépt	*jóuld on*	*rimémber*
contestar	hablar	saludar
answer	speak	greet, say jélou
ánser	*spik*	*grit, séi jélou*
dejar un mensaje	llamar	sonar (el télefono)
leave a message	call	ring
liv a mésach	*kol*	*reng*
deletrear	marcar	volver a llamar
spell	dial	call back
spel	*dáial*	*kol bak*

Expresiones cotidianas
Everyday language

May I leave a message?
Méi ái liv a mésach?
¿Puedo dejar un recado?

Can I speak to —?
Kan ái spik tu —?
¿Puedo hablar con —?

Who's speaking, please?
Jus spíking, plís?
¿Quién habla, por favor?

Just a moment, please.
Yost a móument, plís.
Un momento, por favor.

Who is this?
Ju es zdes?
¿Con quién hablo?

Palabras, palabras, palabras
Words, words, words

bueno
hello
jélou

guía telefónica
telephone guide
télefoun gáid

número telefónico
phone number
fóun nómber

cabina telefónica
phone booth
fóun buzd

larga distancia
long distance
long déstans

operador(a)
operator
óperéitor

dígitos, números
digits, numbers
déyits, nómbers

llamada por cobrar
collet call
kolékt kol

sección amarilla
yellow pages
yélou péiyes

directorio
directory
dairéktori

llamada sin cargo
toll free
tol fri

espere
hold on
jóuld on

moneda
coin
kóin

URGENCIAS   *EMERGENCIES*

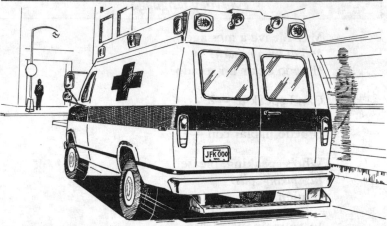

Accidente   *Accident*

> **Diálogos modelo**
> *Model dialogues*

A —There has been an accident. Can you call an ambulance, please?
Zder jas bín an áksident. Kan yu kol an ámbiulans, plís?
Ha habido un accidente. ¿Puede llamar una ambulancia?

B —What happened?
Juát jápend?
¿Qué sucedió?

A —My son fell down. I think he broke his leg.
Mái son fel dáun. Ái zdenk ji bróuk jis leg.
Mi hijo se cayó, y creo que se rompió una pierna.

~~~~~~~~~

A —What's wrong?
Juáts rong?
¿Qué sucede?

B —I don't know. She hit her head.
Ái dóunt nóu. Shi jet jer jed.
No lo sé, se golpeó la cabeza.

Necesitará saber
You will need to know

She's unconscious.
Shis onkónshos.
Está inconsciente.

Don't move him/her.
Dóunt muv jim/jer.
No lo(la) muevan.

She/He is bleeding.
Shi/ji es blíding
Ella/Él está sangrando.

Can you help me?
Kan yu jelp mi?
¿Puede ayudarme?

What's the trouble?
Juáts zda tróbel?
¿Cuál es el problema?

She is injured.
Shi es ényurd.
Está herida.

She/He is in terrible pain.
Shi/Ji es en térribol péin.
Ella/Él tiene un dolor muy fuerte.

I think he had a heart attack.
Ái zdenk ji jad a jart aták.
Creo que tuvo un ataque cardiaco.

He/She can't move his/her arm/leg.
Ji/Shi kant muv jis/jer arm/leg.
Él/Ella no puede mover su brazo/pierna.

Please call —.
Plís kol —.
Por favor, llame a —.

Could you send a doctor, please?
Kud yu send a dáktor, plís?
¿Puede enviar un médico, por favor?

Verbos relacionados
Related verbs

caerse	lastimarse	tener dolor
fall down	hurt	be in pain
fol dáun	*jert*	*bi en péin*
fracturarse	pedir ayuda	
break a bone	ask for help	
bréik a bóun	*ask for jelp*	
hinchar	sangrar	
swell up	bleed	
suél ap	*blíd*	

Palabras, palabras, palabras
Words, words, words

ambulancia	fractura	inconsciente
ambulance	fracture	unconscious
ámbiulans	*frákchur*	*onkónshos*
ayuda	herida	primeros auxilios
help	wound	first aid
jelp	*uúnd*	*ferst éid*
brazo/pierna roto(a)	herido(a)	problema
broken arm/leg	injured, hurt	trouble
bróuken arm/leg	*ényurd, jert*	*tróbel*
camilla	hinchado(a)	quemada
stretcher	swollen	burn
strétcher	*suólen*	*bern*
desmayo	hospital	sangre
faint	hospital	blood
féint	*jóspital*	*blod*

Cuando no entienda lo que le dicen
When you do not understand the language

Necesitará saber
You will need to know

Could you speak more slowly, please?
Kud yu spik mor slóuli, plís?
¿Podría hablar más despacio, por favor?

I'm sorry, I don't understand.
Áim sórri, ái dóunt ánderstand.
Lo siento, no le comprendo.

Could you repeat that, please?
Kud yu ripít zdad, plís?
¿Me lo puede repetir, por favor?

Do you speak Spanish?
Du yu spik spánish?
¿Habla español?

Can you translate this for me?
Kan yu transléit zdes for mi?
¿Me puede traducir esto?

I don't speak English.
Ái dóunt spik ínglish.
No hablo inglés.

How do you say — in English?
Jáu du yu séi — en ínglish?
¿Cómo se dice — en inglés?

Verbos relacionados
Related verbs

decir	hablar	significar
say, tell	speak	mean
séi, tel	*spík*	*min*
entender	repetir	
understand	repeat	
ánderstand	*ripít*	

Dentista

Dentist

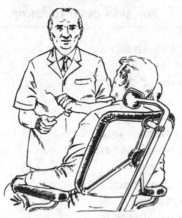

Diálogo modelo
Model dialogue

A —I have a toothache. Can you make an appointment
with a dentist?
Ái jav a tuzdéik. Kan yu méik an apóinment uízd a déntist?
Tengo dolor de muelas. ¿Podría hacerme una cita
con un dentista?

B —Sorry. You'll have to wait until Monday.
Sórri. Yul jav tu uéit ántil Mándéi.
Lo siento, pero tendrá que esperar hasta el lunes.

A —Oh! What can I take to stop the pain?
Óu! Juát kan ái téik tu stop zda péin?
¡Oh! ¿Qué puedo tomar para que se me calme el dolor?

B —Take an analgesic. Dr. XX will see you Monday
morning at 9 o'clock.
*Téik an analyésik. Dáktor xx uíl sí yu mándéi mórning at
náin oklók.*
Tome un analgésico. El doctor XX lo verá el lunes a
las 9 de la mañana.

Necesitará saber
You will need to know

I have a toothache.
Ái jav a tuzdéik.
Tengo dolor de muelas.

I have a broken tooth.
Ái jav a bróuken tuzd.
Tengo un diente roto.

I have an abscess.
Ái jav an ábses.
Tengo un absceso.

My denture is broken. Can you fix it?
Mái dénchur es bróuken. Kan yu feks et?
Mi dentadura postiza se rompió. ¿Puede arreglarla?

I have to take the tooth out.
Ái jav tu téik <u>zda</u> tuzd áut.
Tengo que sacar la muela.

I'll give you some anaesthetic.
Áil guév yu som aneszdétik.
Le aplicaré anestesia.

My gum is bleeding.
Mái gam es blíding.
Mi encía está sangrando.

Verbos relacionados
Related verbs

abrir
open
óupen

cepillar los dientes
brush the teeth
brash zda tizd

doler
ache
éik

inyectar
inject
enyékt

llorar
cry
krái

sacar (una muela)
pull out
pul áut

tapar (una muela)
fill
fel

tomar medicina
take medicine
téik médisin

Palabras, palabras, palabras
Words, words, words

adolorido(a)
sore
sor

al frente
in the front
en zda front

analgésico
analgesic
analyésik

anestesia
anaesthesia
aneszdísha

antibiótico
antibiotic
antibaiótik

antiséptico
antiseptic
antiséptik

atrás
in the back
en zda bak

boca
mouth
máuzd

colmillo
eye tooth, canine
tooth
ái tuzd, kánin tuzd

dentista
dentist
déntist

diente
tooth
tuzd

diente postizo
false tooth
fols tuzd

dientes
teeth
tizd

empaste
filling
féling

encía
gum
gam

enjuague bucal
mouth rinse
máuzd rens

labio
lip
lep

lengua
tongue
tong

muela
tooth
tuzd

muela del juicio
wisdom tooth
uísdom tuzd

parte inferior
bottom
bárom

parte superior
top
top

rayos X
X rays
eks réis

roto(a)
broken
bróuken

sangrando, sangrante
bleeding
blíding

Hospital   *Hospital*

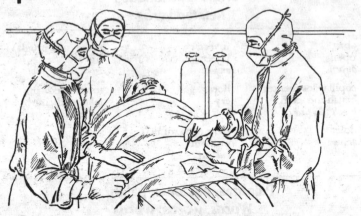

Diálogos modelo
Model dialogues

A —My sister is sick. Can you take care of her?
Mái séster es sek. Kan yu téik ker of jer?
Mi hermana está enferma. ¿Puede atenderla?

B —Of course. We have room No. 8 available. Please
fill in this form.
Of kors. Uí jav rum nómber éit avéilabol. Plís fel en zdes form.
Desde luego. Podemos darle la habitación número
8. Por favor, llene esta forma.

A —Can we pay with a credit card?
Kan uí péi uízd a krédit kard?
¿Podemos pagar con tarjeta de crédito?

B —Of course. Sign this voucher, please.
Of kors. Sáin zdes váucher, plís.
Claro que sí. Firme aquí, por favor.

A —When are visitors allowed?
Juén ar vésetors aláud?
¿Cuáles son las horas de visita?

B —From 6 to 8 p.m.
From seks tu éit pi ém.
De 6 a 8 p.m.

A —Is she going to be alright? How long will she be
here?
Es shi góing tu bi ólráit? Jáu long uíl shi bi jíer?
¿Estará bien? ¿Cuánto tiempo se quedará aquí?

B —Her doctor will give you that information.
Jer dáktor uíl guév yu zdad informéishon.
Su médico le dará esa información.

Necesitará saber
You will need to know

I can't sleep,
Ái kant slip.
No puedo dormir.

It hurts.
Et jerts.
Me duele.

I'm dizzy.
Áim dézi.
Estoy mareado(a).

I'm thirsty.
Áim zdérsti.
Tengo sed.

I'm not hungry.
Áim not jángri.
No tengo hambre.

I'm in pain.
Áim en péin.
Tengo un dolor muy fuerte.

I feel alright.
Ái fil ólráit.
Me siento bien.

I'm cold.
Áim kóuld.
Tengo frío.

I'm hot.
Áim jat.
Tengo calor.

Where is —?
Juér es —?
¿Dónde está — ?

I want to see —.
Ái uánt tu si —.
Quiero ver a —.

Please call the doctor.
Plís kol zda dáktor.
Por favor, llame al médico.

Does he/she need a special nurse?
Dos ji/shi nid a spéshal ners?
¿Necesita una enfermera particular?

Is she very sick?
Es shi véri sek?
¿Está muy mal?

Letreros
Signs

COUNTER

(caja)

OPERATING ROOM

(quirófano)

ELEVATORS

(elevadores)

STAFF

(personal)

ENTRANCE

(entrada)

WAITING ROOM

(sala de espera)

EXIT

(salida)

X RAY

(rayos X)

LAB

(laboratorio)

Encontrará
You will find

algodón	elevador	píldoras
cotton	elevator	pills
káten	*élevéitor*	*pels*
almohada	enfermera	quirófano
pillow	nurse	operating room
pélou	*ners*	*óperéiting rum*
anestesiólogo	funda	sábana
anaesthesiologist	pillowcase	sheet
aneszdesióloyest	*péloukéis*	*shiít*
bandeja	manta	sala de espera
tray	blanket	waiting room
tréi	*blánket*	*uéiting rum*
baño	medicina	silla de ruedas
bathroom	medicine	wheelchair
bázdrrum	*médisin*	*juílcher*
cama	médico	suero
bed	doctor	serum
bed	*dáktor*	*sérum*
camilla	oxígeno	termómetro
stretcher	oxygen	thermometer
strétcher	*óksiyen*	*zdermómeter*
cirujano	paciente	timbre
surgeon	patient	bell
séryon	*péishent*	*bel*

Verbos relacionados
Related verbs

acostarse	descansar	marearse
go to bed, lie down	rest	get dizzy
góu tu bed, lái dáun	*rest*	*guét dézi*
bañarse	dormir	mejorar
take a bath	sleep	get better
téik a bazd	*slip*	*guét bérer*
caminar	estar enfermo	quejarse
walk	be sick	complain
uók	*bi sek*	*kompléin*
dar de alta	levantarse	revisar
release	get up	check
rilís	*guét áp*	*chek*

sentirse mejor	ser operado	tener hambre
feel better	to be operated on	be hungry
fil bérer	*tu bi óperéited on*	*bi jángri*

Palabras, palabras, palabras
Words, words, words

bata	diagnóstico	paciente
robe	diagnosis	patient
róub	*daiagnóusis*	*péishent*
camisón	dolor	pantuflas
nightgown	pain	slippers
náitgáun	*péin*	*slépers*
cena	herida	reporte
supper	injury	report
sóper	*ényuri*	*ripórt*
comida	horas de visita	transfusión de sangre
lunch	visiting hours	blood transfusion
lonch	*vésiting áuers*	*blod transfúshon*
comidas	inyección	visitante
meals	injection	visitor
mils	*enyékshon*	*vésitor*
costura, puntadas	mesa rodante	
stitches	cart	
stétches	*kart*	
desayuno	operación	
breakfast	operation	
brékfast	*óperéishon*	

Incendio　　　　　　　　　　　*Fire*

IN CASE OF FIRE	EN CASO DE INCENDIO
WHEN YOU HEAR AN ALARM, DON'T INVESTIGATE BUT DO THE FOLLOWING	**AL ESCUCHAR LA ALARMA, NO INVESTIGUE, SIGA ESTAS INSTRUCCIONES**
If fire is inside your room:	**Si el incendio es en su habitación:**
• *Leave your room and close door*	• Deje su habitación y cierre la puerta
• *Report the fire by calling or pulling fire alarm*	• Avise del incendio por teléfono o tire de la alarma
If fire is not in your room:	**Si el incendio no es en su habitación:**
Test door with hand for heat before opening	Antes de abrir la puerta pruebe si está caliente
If door is hot:	**Si la puerta está caliente:**
• *Stay in your room*	• Permanezca en su habitación

- *Phone for help*
- *Fill tub and seal cracks with wet towels*

- *Wait for help*

If door is cool:

- *Take your room key*

- *Open door slowly*

- *WALK to nearest exit and go down to street*

- *If exiting down is unsafe, return to your room and wait there*

- *If hall is full of smoke, keep below the level of smoke*

- Pida ayuda por teléfono
- Llene la bañera y tape todas las aberturas con toallas mojadas
- Espere que llegue ayuda

Si la puerta no está caliente:

- Lleve consigo la llave de su habitación
- Abra la puerta con cuidado
- CAMINE a la salida de escape (EXIT) más cercana y baje a la calle
- Si la salida de escape no presenta seguridad, regrese a su habitación y permanezca ahí
- Si hay humo en el corredor, manténgase abajo del nivel del humo

DO NOT USE THE ELEVATOR!
¡No utilice el ascensor!

Verbos relacionados
Related verbs

esperar	hacer sonar la alarma	reportar
wait	ring the alarm	report
uéit	*reng zdi alárm*	*ripórt*
	recordar las	
guardar la calma	instrucciones	
stay calm	remember instructions	
stéi kalm	*rimémber enstrókshons*	

Médico   *Doctor*

> ## Diálogos modelo
> ### *Model dialogues*

A —I don't feel well. Can you get me a doctor?
  Ái dóunt fil uél. Kan yu guét mi a dáktor?
  No me siento bien. ¿Podría conseguirme un médico?

B —The doctor will see you at 5 o'clock in his office.
  Zda dáktor uíl si yu at fáiv oklók en jis ófis.
  El doctor lo verá a las 5 de la tarde en su consultorio.

A —What's the address?
  Juáts zdi adrés?
  ¿Cuál es la dirección?

B —144 South Avenue, second floor.
  Uán for for sáuzd áveniu, sékond flor.
  South Avenue 144, segundo piso.

A —What's the fee?
  Juáts zda fi?
  ¿Cuánto cuesta la consulta?

B —$ — approximately.
$ — *apróksimatly.*
Alrededor de $ —.

~~~~~~~~~~~~~~~

A —What's the matter?
Juáts zda márer?
¿Qué le pasa?

B —I have diarrhea.
Ái jav daiarría.
Tengo diarrea.

A —What have you eaten lately?
Juát jav yu íten léitli?
¿Qué ha comido últimamente?

B —I ate too much yesterday.
Ái éit tu moch iésterdéi.
Comí demasiado ayer.

A —It's nothing to worry about. Take these pills, one
every 6 hours and avoid eating greasy food.
*Ets nózding tu uérri abáut. Téik zdis pels, uán évri seks
áuers and avóid íting grísi fud.*
No se preocupe. Tome estas píldoras, una cada 6 horas, y procure no comer nada grasoso.

~~~~~~~~~~~~~~~

A —How long have you had this pain?
Jáu long jav yu jad zdes péin?
¿Desde cuándo tiene este dolor?

B —It began a week ago.
Et bigán a uík agóu.
Desde hace una semana.

A —Are you taking medicine?
Ar yu téiking médisin?
¿Está tomando alguna medicina?

B —Yes, these tablets.
Iés, zdis táblets.
Sí, estas tabletas.

~~~~~~~~~~

A —How many times a day should I take the medicine?
Jáu méni táims a déi shud ái téik zda médisin?
¿Cuántas veces al día debo tomar la medicina?

B —Three times a day, one before each meal.
Zdrí táims a déi, uán bifór ich mil.
Tres veces al día, una antes de cada comida.

Necesitará saber
You will need to know

Please undress.
Plís andrés.
Desvístase, por favor.

Please lie down over here.
Plís lái dáun óuver jier.
Acuéstese aquí, por favor.

Open your mouth.
Oúpen yur máuzd.
Abra la boca.

Breath deeply.
Brizd dípli.
Respire hondo.

You'll have to have an X-ray taken.
Yul jav tu jav an éks réi téiken.
Tendrá que sacarse una radiografía.

You must stay in bed.
Yu most stéi en bed.
Debe guardar cama.

Don't exercise.
Dóunt éksersáis.
No haga ejercicio.

Take one pill.
Téik uán pel.
Tome una píldora.

In case of pain, take — .
En kéis of péin, téik —.
En caso de dolor, tome —.

I'll have to give you an injection.
Áil jav tu guév yu an enyékshon.
Tengo que ponerle una inyección.

Where is the doctor's office?
Juér es ulu dáktors ófis?
¿Dónde está el consultorio?

Can you prescribe something?
Kan yu priskráib sómzding?
¿Me puede dar una receta?

I have:
Ái jav:
Tengo:

   a stomach ache
   a stómak éik
   dolor de estómago

   a headache
   a jédéik
   dolor de cabeza

   an earache
   an íréik
   dolor de oídos

fever
fíver
fiebre

My nose is bleeding.
Mái nóus es blíding.
Tengo hemorragia nasal.

I'm constipated.
Áim kónstipéited.
Estoy constipada(o).

I'm a diabetic.
Áim a dáiabérik.
Tengo diabetes.

I have period pains.
Ái jav píriod péins.
Tengo cólico menstrual.

I'm pregnant.
Áim prégnant.
Estoy embarazada.

Verbos relacionados
Related verbs

ayudar	inyectar	recetar
assist	inject	prescribe
asést	*enyékt*	*priskráib*
calmar	llevar un registro	revisar
soothe	keep a record	check up
suzd	*kip a rékord*	*chék ap*
diagnosticar	operar	
diagnose	operate on	
dáiagnóus	*óperéit on*	

What's the matter?
Júats zda márer?
¿Qué le sucede?

You are going to get well.
Yu ar góing tu guét uél.
Se va a poner bien.

Don't worry.
Dóunt uérri.
No se preocupe.

Get well!
Guét uél!
¡Que se mejore!

I feel sick.
Ái fíl sek.
Me siento enferma(o).

Palabras, palabras, palabras
Words, words, words

amígdala	antibiótico	aspirina
tonsil	antibiotic	aspirin
tánsel	*ántibaiórik*	*áspirin*
ampolla	anticonceptivo	boca
blister	contraceptive	mouth
bléster	*kontraséptiv*	*máuzd*
analgésico	antiespasmódico	brazo
analgesic	antiespasmodic	arm
analyésik	*ántespasmódik*	*arm*
antiácido	apendicitis	cabeza
antacid	appendicitis	head
antásid	*apéndisáiris*	*jed*

cara
face
féis

cardiólogo
cardiologist
cardióloyest

catarro
cold
kóuld

certificado médico
medical certificate
médikal sertífikéit

cirujano
surgeon
séryon

columna vertebral
spine
spáin

consultorio
office
ófis

contagioso(a)
contagious
kontéiyos

corazón
heart
jart

costilla
rib
reb

cuello
neck
nek

dedo (de la mano)
finger
fénguer

dedo (del pie)
toe
tóu

dolor
ache, pain
éik, péin

enfermera(o)
nurse
ners

enfermo(a)
sick
sek

espalda
back
bak

especialista
specialist
spéshalest

estómago
stomach
stóumak

fiebre
fever
fíver

garganta
throat
zdróut

gastritis
gastritis
gastráites

gastroenterólogo
gastroenterologist
gástroenteróloyest

ginecólogo
gynecologist
yinecóloyest

gotas para la nariz
nose drops
nóus drops

gripa
flu
flú

herida
wound
uúnd

hígado
liver
léver

hinchazón
swelling
suéling

hombro
shoulder
shóulder

hueso
bone
bóun

indigestión
indigestion
endaiyéschon

inflamación
inflammation
enflaméishon

intestino
bowel
báuel

inyección
injection
enyékshon

labio
lip
lep

lengua
tongue
tong

mandíbula
jaw
yo

mano
hand
jand

médico
physician
fisíshan

médico general
general practicioner
yéneral praktíshoner

menstruación
period
píriod

moretón
bruise
brus

músculo
muscle
mósel

muslo
thigh
zdái

nariz	pierna	salpullido
nose	leg	rash
nóus	*leg*	*rash*
nervio	pies	sangre
nerve	feet	blood
nerv	*fit*	*blod*
neumonía	píldora	sentimiento
pneumonia	pill	feeling
niumóunia	*pel*	*fíling*
oculista	píldora para dormir	suspensión
eye specialist	sleeping pill	suspension
ái spéshalest	*slíping pel*	*sospénshon*
ojo	presión sanguínea	tableta
eye	blood pressure	tablet
ái	*blod préshur*	*táblet*
oreja, oído	prueba de laboratorio	temperatura
ear	lab test	temperature
iír	*lab test*	*témperchur*
orina	pulmones	termómetro
urine	lungs	thermometer
iurén	*langs*	*zdermómeter*
otorrinolaringólogo	rayos X	tos
otolaryngologist	X rays	cough
otolaringóloyest	*éks réis*	*kof*
pecho	receta	úlcera
breast, chest	prescription	ulcers
brest, chest	*preskrípshon*	*ólsers*
pediatra	recibo	urticaria
pediatrician	receipt	urticaria
pediatríshan	*risít*	*ertikéria*
penicilina	revisión	vacuna
penicilin	check up	vaccination
penéselen	*chek ap*	*vaksinéishon*
pie	riñón	vesícula
foot	kidney	bladder
fut	*kídni*	*bláder*
piel	rodilla	vitamina
skin	knee	vitamin
sken	*ni*	*váitamin*

Pérdida de equipaje   *Loss of luggage*

*If at the airport, train station, or bus station,
go to the Lost and Found counter.*

Si se encuentra en el aeropuerto, la estación
de ferrocarril o la terminal de autobuses,
diríjase al mostrador de Objetos Perdidos.

Diálogo modelo
Model dialogue

A— I've lost my suitcase.
Áiv lost mái sútkéis.
Perdí mi maleta.

B— Please fill out this Lost Baggage form.
Plís fel áut zdes lost bágach form.
Por favor, llene esta forma de Pérdida de Equipaje.

A— Alright.
Ólráit.
Muy bien.

B— Where are you staying?
Juér ar yu stéing?
¿En qué hotel estará alojado?

A— At the hotel XX.
At zda joutél XX.
En el hotel XX.

B— We will let you know if we find it.
Uí uíl let yu nóu ef uí fáind et.
Le avisaremos si la encontramos.

Verbos relacionados
Related verbs

buscar	esperar	llenar (una forma)
search	wait	fill in/out
serch	*uéit*	*fél en/áut*
describir	explicar	reportar
describe	explain	report
diskráib	*ekspléin*	*ripórt*
encontrar		
find		
fáind		

Palabras, palabras, palabras
Words, words, words

ancho(a)	equipaje de mano	Objetos perdidos
wide	carry on bag, flight bag	Lost & Found
uáid	*cárri on bag, fláit bag*	*Lost and Fáund*
empleado(a)	grande	tamaño
clerk	big	size
klérk	*beg*	*sáis*
equipaje	maleta	
luggage, baggage	suitcase	
lógach, bágach	*sútkéis*	

LOST BAGGAGE FORM
Forma para pérdida de equipaje

Date: . . . **Flight:** . . . . **Type of baggage:** . . . . .
Fecha: *Vuelo:*   *Tipo de equipaje:*

           Bus No.: . . . . . . **Length:** . . . .
           Autobús No.:   *Largo:*

           Height: . . . . . . **Color:** . . . .
           Altura: *Color:*

Name: . . . .
Nombre:

Home address: . . . .
Domicilio:

Address in: . . . .
Dirección en:

Telephone: . . . .
Teléfono:

Pérdida de pasaporte   *Passport loss*

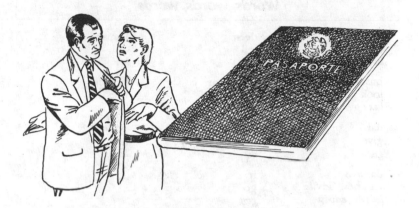

Diálogos modelo
Model dialogues

A —I've lost my passport. Can you tell me where the
  Mexican Embassy is?
  *Áiv lost mai pásport. Kan yu tel mi juér zda méksikan
  émbasi es?*
  Perdí mi pasaporte. ¿Podría decirme dónde se en-
  cuentra la embajada mexicana?

B —I'm sorry, I don't know. But you can look up the
  address in the telephone book.
  *Áim sórri, ái dóunt nóu. Bot yu kan luk ap zdi adrés en
  zda télefoun buk.*
  Lo siento, no lo sé. Pero puede buscar la dirección en
  el directorio telefónico.

Palabras, palabras, palabras
Words, words, words

buscar	decir	llamar
look for	tell	call
luk for	*tel*	*kol*
buscar en un libro	encontrar	perder
look up	find	lose
luk ap	*fáind*	*lus*
dar	hacer	poder
give	do	can
guév	*du*	*kan*
dar aviso	ir	
let know, advise	go	
let nóu, adv	*góu*	

Glosario

A

abajo
down

abarrotes
groceries

abierto
open

abrigo
coat

abril
April

aduana
customs

aeropuerto
airport

agencia de viajes
travel agency

agosto
August

agradable
nice

agua
water

aguacate
avocado

ahora (en este
  momento)
now

aire
  acondicionado
air conditioning

ajo
garlic

a la cuenta
charge

al contado
cash

alberca
swimming pool

alimentos
meals

almendra
almond

almohada
pillow

almuerzo
lunch

alojamiento
lodging

¡Alto!
Stop

alto voltaje
high voltage

ama de llaves
housekeeper

amarillo
yellow

amigo
friend

amplio
spacious

amueblado
furnished

analgésico
analgesic

andén
platform

anteojos
glasses

antes
before

antiácido
antacid

antibiótico
antibiotic

años (edad)
years old

aparador
show window

aparatos
  domésticos
**household
  appliances**

apellido
last name

apio
celery

árbol
tree

arroz
rice

artículos de
  tocador
toilettries

artículos para el
  hogar
**household
  articles**

asiento
seat

aspiradora
vacuum cleaner

autobús
bus

automóvil
car

autopista
speedway

autor
author

avellana
hazelnut

avena
oats

averiado
out of order

aves
poultry

avión
airplane, plane

ayer
yesterday

ayuda
help, assistance

azúcar
sugar

azul
blue

B

bailarín (a)
dancer

baloncesto
basketball

banco
bank

bañera
bathtub

baño
bathroom

baño público
restroom

barato
cheap

barbería
barbershop

basura
litter

bebé
baby

bebida
drink, beverage

béisbol
baseball

biblioteca
library

bibliotecario(a)
librarian

bicicleta
bicycle

bien, buen,
  bueno
good

bigote
moustache

billete
bill

blanco
white

blusa
blouse

boleto
ticket

bolígrafo
ballpoint pen

bolsa
bag, purse

bolsa de mano
handbag

bolsillo
pocket

bonito
nice, lovely

botella
bottle

botones, maletero
bellboy

butaca
seat

buzón
mail box

C

caballeros
men, gentlemen

cabina telefónica
phone booth

cacahuate
peanut

cada
each

cadena
chain

café
coffee

café (color)
brown

cafetera
coffee pot

cafetería
coffee shop

caja
box

cajera (o)
cashier, teller

cajón
drawer

calabaza
pumpkin

calcetines
socks

caliente
hot

calzoncillos
briefs

calle
street

cama
bed

camarera
maid

camisa
shirt

cambio (de
  moneda
  extranjera)
exchange

cambio (moneda
  fraccionaria)
small change

camión de carga
truck

camiseta
T-shirt

cantante
singer

cargo
charge

carne
meat

carnes frías
cold cuts

caro
expensive

carpeta
folder

carretera
road, highway

carretilla **trolley**	cepillo **brush**	ciudad **city**	concierto **concert**
carril **lane**	cepillo de dientes **toothbrush**	ciudadano **citizen**	conserje **concierge**
carro comedor **dining car**	cerca **near**	clase, tipo **kind**	consultorio **office**
carta **letter**	cereza **cherry**	clavo **nail**	contacto **power outlet**
cartel **poster**	cerillo **match**	cliente **customer**	contento **glad, happy**
cartera **wallet**	cerrado **closed**	cobertor **blanket**	corbata **tie**
cartoncillo **cardboard**	cerveza **beer**	cocina **kitchen**	correo **mail**
casa **house**	chaleco salvavidas **life vest**	coche dormitorio **sleeping car**	correo aéreo **air mail**
catálogo **brochure, catalogue**	chamarra **jacket**	código **code**	correcto **right, correct**
catarro **cold**	cheque **check**	colchón **matress**	cortinas **curtains, drapes**
cebolla **onion**	cheque de viajero **traveller's check**	comedor **dining room**	cosa **thing**
cenicero **ashtray**	chico **small**	comida **food**	crema **cream**
cena **supper**	cigarrillo **cigarette**	cómo, como **how**	crema de afeitar **shaving cream**
centeno **rye**	cine **movies**	cómoda **chest of drawers**	crema para las manos **hand lotion**
centro (de la ciudad) **downtown**	cinta métrica **tape measure** cinturón **belt**	completo **full, complete** compositor **composer**	cruce de peatones **crosswalk**
centro comercial **mall, shopping center**	cita **appointment**	con **with**	cuaderno **notebook**

cuadra
block

cuadro (pintura)
painting

cuánto
how much

cuántas (os)
how many

cuenta de
  cheques
checking account

cuchara
spoon

cucharita
teaspoon

cuchillo
knife

cuenta
bill, check

cuenta (bancaria)
account

cumpleaños
birthday

D

damas
women, ladies

de
from, of

dependiente
clerk

deportes
sports

derecha
right

derecho (seguir
  derecho)
straight ahead

desarmador
screwdriver

desayuno
breakfast

descafeinado
decaffeinated

descuento
discount

desocupado
vacant

desodorante
deodorant

despacio
slow

despegue
take off

día
day

día festivo
holiday

diciembre
December

dinero
money

dirección,
  domicilio
address

director (de
  orquesta)
conductor

disco
record

disponible
available

distancia
distance

divertido
funny

docena
dozen

dolor
pain

domingo
Sunday

dónde
where

dorado
golden

dos piezas
two piece

dulces
candies

E

edad
age

edificio
building

efectivo (dinero)
currency

elevador
elevator

embajada
embassy

empleado (a)
clerk, employee

en
on, in

encendedor
lighter

enchufe
plug

enero
January

enfermo
sick, ill

engrapadora
stapler

ensalada
salad

entrada
entrance

equipaje
luggage, baggage

escala
stop

escalera
stairs

escalera eléctrica
scalator

escalones
steps

escritorio
desk

escuela
school

español
Spanish

espejo
mirror

esquina
corner

estación de
ferrocarril
railroad station

estacionamiento
parking lot

estado
state

estado de cuenta
statement

estampillas
stamps

estas, estos
these

este, esta, esto
this

este (punto
cardinal)
east

estilo
style

estrella
star

estufa
stove

excusado
W.C.

F

facilidades
facilities

falda
skirt

familiares
relatives

febrero
February

ferrocarril
train

fiebre
fever

fila
row, line

filtro
filter

fin de semana
weekend

firma
signature

flor
flower

foco
flashbulb

foráneo
foreign

forma
form, slip

fotografía
**photograph,
picture**

fregadero
sink

freno
brake

fresco (alimentos)
fresh

fresco (clima)
cool

frío (a)
cold, chilly

fruta
fruit

fuego
fire

fuente de sodas
snack bar

fuera
out

función
**performance,
show**

funda
pillow case

fútbol
soccer

fútbol americano
football

G

gabardina
raincoat

gaseosa
soda

gasolina
gas

gasolinera
gas station

gavetas
lockers

gente
people

gerente
manager

globo
balloon

goma
rubber

gotas para la
nariz
nose drops

gotas para los
ojos
eye drops

grabadora
tape recorder

gracias
thank you

grados
grades

grande
large

granizo
hail

grapas
staples

grifo
faucet, tap

gripa
flu

gris
grey

grueso
thick

guardarropa
**wardrobe,
cloakroom**

guía
guide

H

habitación
room

habitación libre
vacancy

hamburguesa
hamburger,
  burger

hasta
until

hay
there is

helado
ice cream

herramientas
tools

hielo
ice

hijo(a)
child

hijos
children

hogar
home

hola
hello, hi

hombre
man

hora
hour

hora (completa)
o' clock

hora (en general)
time

horario
schedule

horno
oven

hoy
today

huésped
guest

huevo
egg

I

iglesia
church

ilimitado
unlimited

información
information

inodoro
toilet

instrucciones
instructions

instrumento
instrument

interés
interest

interesante
interesting

intersección,
  cruce
intersection

investigación
research

invierno
winter

itinerario,
  horario
schedule

izquierda
left

J

jabón
soap

jamón
ham

jardín
garden

jarra
jug

joven
young

juego
game

jueves
Thursday

juguete
toy

juguetería
toy shop

julio
July

junio
June

junto a
next to

K

kilogramo
kilogram

kilómetro
kilometer

L

lámpara
lamp

lana
wool

lápices de colores
color pencils

lápiz
pencil

lápiz labial
lipstick

largo
long

lata
can

lavabo
sink

lavadora
washing machine

lavadora de
  platos
dishwasher

lavandería
laundry

lavatorio, baño
lavatory

laxante
laxative

lector
reader

litera
bunk

llave
key

mapa
map

lectura
reading

localizado
located

llave de agua
faucet, tap

máquina
automática de
refrescos
**soft drink
machine**

leche
milk

loción
lotion

llavero
key holder

lejos
far

loción para
después de
rasurarse
**after shave
lotion**

llegada
arrival

máquina de
cigarrillos
cigarette machine

letrero
sign

lleno
full

máqina para
hielo
ice machine

libra
pound

lugar
place

lluvia
rain

libro
book

luna
moon

M

mariscos
seafood

licencia de
automovilista
driver's license

lunes
Monday

madera
wood

martes
Tuesday

mal tiempo
bad weather

marzo
March

licor
liquor

luz
light

maleta
bag, suitcase

más barato
cheaper

ligero
light

luz de día
day light

manga
sleeve

más grande
larger

lima de uñas
nail file

luz (para
fotografía)
flash light

manta
blanket

mascarilla de
oxígeno
oxygen mask

limpiadores (de
automóvil)
wipers

LL

mantel
tablecloth

mayo
May

limpieza
cleaning

llamada
(telefónica)
phone call

mantequilla
butter

mediano
medium

linterna
flashlight

llamada de larga
distancia
long distance call

mañana (día
siguiente)
tomorrow

medianoche
midnight

líquido de frenos
brake fluid

llamada local
local call

medias
stockings, hose

listo
ready

llanta
tire

mañana (parte
del día)
morning

medicina
medicine

médico **doctor**	miércoles **Wednesday**	música **music**	no hay de qué, de nada **you are welcome**
medida **measure**	migración **immigration**	músico **musician**	noche **night**
mediodía **midday, noon**	milla **mile**	muy **very**	noche (temprano) **evening**
mejor **better**	millaje **mileage**	muy bien **alright**	nombre
mensaje **message**	minuto **minute**	**N**	**(first) name**
mensual **monthly**	mochila **bag**	nacimiento **birth**	norte **north**
mentolado **menthol**	moda **fashion**	nacionalidad **nationality**	nosotros **we**
mercado **market**	moneda **coin**	naranja **orange**	noviembre **November**
mercancía **merchandise**	morado **purple**	natación **swimming**	nube **cloud**
mermelada **jelly**	mostrador **counter**	navaja de afeitar **razor blade**	nublado **cloudy**
mesa **table**	motivo **purpose**	negocio **business**	nuez **nut**
mesera **waitress**	motocicleta **motorcycle**	negro **black**	nuez de la India **cashew**
mesero **waiter**	muchacha **girl**	niebla **fog**	número **number**
mi, mío **my**	muchacho **boy**	nieve **snow**	número de orden **number of order**
micrófono **microphone**	mucho (s) **much (singular)** **many (plural)**	niña **girl**	**O**
microondas **microwave**	muebles **furniture**	niño **boy**	obra (de teatro) **play**
miel **honey**	multa **fine**	niños **children**	octubre **October**
			ocupado **occupied**

oeste
west

palabra
word

parabrisas
windshield

peligro
danger

oficial
official

palomitas de
   maíz
popcorn

parada
stop

pelota
ball

oficina
office

pan
bread

paraguas
umbrella

pequeño
small

oficina de correos
Post Office

pan tostado
toast

pared
wall

perdido
lost

onza
ounce

pantalla
screen

parque
park

perdón
sorry

operador(a)
operator

pantalones
slacks

pasajero
passenger

periódico
newspaper

orden
order

pantimedias
pantyhose

pasaporte
passport

permiso
permission

orden de pago
money order

pantufla
slipper

pase
pass

pero
but

origen
origin

pañal
diaper

pasillo
aisle

perro
dog

orquesta
orchestra

pañuelo
handkerchief

pasta dentífrica
toothpaste

persianas
blinds

otoño
autumn, fall

pañuelo
  desechable
tissue

pastel
cake

personas
persons, people

otra vez
again

papel
paper

patio
yard

pertenencia
belonging

otro
other, another

papel carbón
carbon paper

peaje, cuota
toll

pesado
heavy

oxígeno
oxygen

papel higiénico
tissue paper,
  toilet paper

peatón
pedestrian

pesca
fishing

P

pegamento
glue

pescado
fish

página
page

paquete
package, parcel

peine
comb

peso
weight

país
country

par
pair

película
film, picture

piel
leather

píldora
pill

piloto
pilot

pimiento
pepper

pintura
paint

pipa
pipe

piso
floor

placa de auto
plate

placer
pleasure

plantas
plants

plateado
silver

plato
plate, dish

plato hondo
bowl

plato para taza
saucer

playera
T-shirt

pluma
pen

pluma fuente
fountain pen

pocos
a few

podría
could

policía
**policeman,
policewoman**

pollo
chicken

por favor
please

por supuesto
sure, of course

portafolios
briefcase

portero, mozo
porter

postre
dessert

precaución
caution

presión
pressure

préstamo
loan

primavera
spring

primera clase
first class

primer(o)
first

privado
private

probador
fitting room

problema
trouble

procesador de
alimentos
food processor

propina
tip

protección
protection

provincia
province

público
audience

puente
bridge

puerta
door, gate

puesto de
periódicos
newsstand

puntualmente
on time

Q

qué
what

queso
cheese

químico
chemist

R

rasuradora
razor

recámara
bedroom

recepción (en un
hotel)
**front desk,
reception**

receta (médica)
prescription

recibidor
hall

recibo
receipt

reclamo
claim

referencia
reference

refresco
**soft drink, soda,
refreshment**

refrigerador
refrigerator

regadera, ducha
shower

regalo
gift, present

registro
register

regla
ruler

regular
regular

religión
religion

reloj
clock

reloj de pulsera
watch

renta
rental

reparación
repair

reservación
reservation

residente
resident

resistente
resistent

respaldo
seat back

retiro de fondos
(monetarios)
withdrawal

retrasado
delayed

revista
magazine

riel
track

rojo
red

rollo de película
roll film

rollo (para
cámara)
film

rompecabezas,
acertijo
puzzle

ropa
clothes

rosa
pink

rueda
wheel

ruta
route

S

sábado
Saturday

sábana
sheet

sacapuntas
sharpener

saco
jacket

sal
salt

sala
**living room,
family room**

sala (en un
aeropuerto)
gate

salchichonería
delikatessen

saldo (bancario)
balance

saldo vencido
due balance

salero
salt shaker

salida
exit

salida
departure

salida de
emergencia
emergency exit

secadora de pelo
hair dryer

sección
section

sedante
sedative

segunda clase
second class

segundo
second

seguridad
security

seguro
insurance

seguro (de
puerta)
lock

semana
week

semáforo
traffic light

semanal
weekly

sangre
blood

señal de tráfico
traffic signal

señales,
señalamientos
signs

señor
sir

septiembre
September

servicio
service

servicio a cuartos
room service

servilleta
napkin

sí
yes

silla
chair

sillón
armchair

sin
without

sinfónica
symphony

sistema
system

sobrevendido
overbooked

sofá
sofa

sol
sun

sol radiante
sunshine

solamente
only, just

sombrero
hat

sonido
sound

sopa
soup

sótano
basement

su
your

suela
sole

suficiente
enough

sur
south

T

tabaco
tobacco

talco
powder

talla
size

tamaño
size

también
too

tanque
tank

taquilla
ticket office

tarde
late

tarde (más de
media tarde)
evening

tarde (parte del
día)
afternoon

tarifa
fare, fee, rate,
charge

tarjeta
card

tarjeta de crédito
credit card

tarjetas postales
postcards

tarro
jar

tarro para café
mug

tasa de cambio
exchange rate

taxi
taxi, cab

taxímetro
meter

taza
cup

té
tea

techo
ceiling

tecnología
technology

tejido
knit

teléfono
telephone

televisor
TV set

templado
mild

temprano
early

tenedor
fork

terminal de
autobuses
bus terminal

termómetro
thermometer

terraza
terrace

tiempo
time

tienda
shop

tienda de
departamentos
departament
store

tienda de dulces
candy shop

tijeras
scissors

timbre
bell

título
title

toalla
towel

toalla sanitaria
sanitary napkin

todas las cosas,
todo
everything

todo(s), toda(s)
all

tormenta
storm

tormentoso
(clima)
stormy

tornillo
screw

tostador
toaster

traje (de vestir)
suit

traje de baño
swimming suit

transferencia
transfer

tren
train

tuerca
nut

turno
turn

U

último
last

un, una
a, an, one

universidad
university,
college

uso
use

usted
you

V

vacaciones
vacations

vacío
empty

vagón
coach

vamos
let's go

varios
several

vaso
glass

velocidad
speed

venda
gauze

ventana
window

ventanilla
window

verano
summer

verde
green

verduras
vegetables

vestido
dress

viaje
trip

viejo
old

viento
wind

viernes
Friday

vino
wine

visa
visa

vitaminas
vitamins

voltaje
voltage

volumen
volume

vuelo
flight

Z

zanahoria
carrot

zapatos
shoes

zapatos bajos
flats

zapatos de tacón
alto
high heels

zarzamora
blackberry

Esta obra se terminó de imprimir
en enero de 2007, en los Talleres de

IREMA, S.A. de C.V.
Oculistas No. 43, Col. Sifón
09400, Iztapalapa, D.F.